Italian Reader
Short Stories

English – Italian Parallel Text
Elementary to Intermediate (A2-B1)

Compiled by Alex Kouzine

2016 AOK Publishing

Table of Contents

3

Introduction

This book contains a selection of **16** finest short stories which have been adapted from originals written by the world's greatest storytellers such as: O. Henry, W.S. Maugham, A. Maltz, W. de Mille; R. Goldberg and others. In addition there are **5** mini-stories presented at the beginning of the book as a "warm-up exercise".

The stories have been thoroughly adapted (to preserve the gist of the original) and translated into Italian language. They presented here as English – Italian parallel text with Italian text been printed in *italic*.

The stories have been arranged according to their degree of difficulty and each story is accompanied by a "Key Vocabulary".

Although this book can be useful for learners of both – English and Italian languages – it was mainly intended as a reading material for learners of Italian language.

Level

The book is intended mainly for Elementary to middle-Intermediate level learners (that is, those who have already studied the basic structures of Italian). It will also be useful for more advanced learners as a way of practicing their reading skills and comprehension of Italian language.

Using the book *effectively*

In our opinion it will be most beneficial if you read each story in English first.

Then review 'Key Vocabulary' and reread the story once more as a 'parallel text'.

Knowledge of the context will enable you to *link together* English words and phrases to their Italian counterparts, thus expanding your vocabulary and improving your reading comprehension of Italian language.

After reading through a story a couple of times you'll notice that you understand an *'Italian version'* of the story as if it was written in your native tongue. And remember that your fluency in Italian will grow with each story you read.

Have fun! Divertiti!

Abbreviations

(used in 'Key Vocabulary')

agg. – aggetivo (adjective)

avv. – avverbio (adverb)

cong. – congiunzione (conjunction)

fig. – figurato (figurative)

intr. – interiezione (interjection)

prep. – preposizione (preposition)

pron. – pronome (pronoun)

s.f. – sostantivo femminile (feminine noun)

s.m. – sostantivo maschile (masculine noun)

v.aus. – verbo ausiliare (auxiliary verb)

v.intr. – verbo intransitivo (intransitive verb)

v.tr. – verbo transitivo (transitive verb)

v.rf. – verbo riflessivo (reflexive verb)

Fortune and the man / Fortuna e l'uomo

One day a man was walking along the street. He had only an old bag in his hands. He was wondering why people who had a lot of money were never satisfied and always wanted more. "As far as I'm concerned", he said, "if I only had enough to eat, I would not ask for anything else".

Un giorno, un uomo stava camminando lungo una strada. Aveva solo una vecchia borsa nelle mani. Si chiedeva perché le persone che possedevano tanto denaro non fossero mai soddisfatte e desiderassero sempre di più. "Per quanto mi riguarda", disse, "se solo avessi abbastanza da mangiare, non chiederei niente altro".

Just at this moment Fortune came down the street. She heard the man and stopped.

In quello stesso istante, Fortuna passeggiava lungo la stessa strada. Sentì le parole dell'uomo e si fermò.

"Listen," she said, "I want to help you. Open your bag and I will pour diamonds into it. But every diamond which falls on the ground will become dust. Do you understand?"

"Oh, yes, I understand," replied the man.

"Senti," disse lei, "Voglio aiutarti. Apri la borsa e ci verserò dei diamanti. Ma ogni diamante che cadrà a terra si trasformerà in polvere. Hai capito?"

"Oh, sì, ho capito," rispose l'uomo.

He quickly opened his bag and saw a stream of diamonds was poured into it. The bag began to grow heavy. "Is that enough?" asked Fortune. "Not yet." The man's hands began to tremble.

"You are the richest man in the world now," said Fortune.

Egli aprì velocemente la sua borsa e vide una corrente di diamanti riversarsi in essa. La borsa iniziò a diventare pesante. "È sufficiente?" chiese Fortuna. "Non ancora." Le mani dell'uomo iniziarono a tremare.

"Ora, sei l'uomo più ricco del mondo," disse Fortuna.

"Just a few more, add a few more," said the man. Another diamond was added and the old bag split. All the diamonds fell on the ground and became dust.

"Ancora un po', aggiungine ancora un po'," disse l'uomo. Venne aggiunto un altro diamante e la vecchia borsa si strappò. Tutti i diamanti caddero a terra e si trasformarono in polvere.

Fortune disappeared, leaving the man along on the street.

Fortuna sparì, lasciando l'uomo solo per la strada.

Key Vocabulary:

- ***camminare*** *v.intr.* [cam-mi-nà-re] – to walk.
- ***chiedere*** *v.tr.* [chiè-de-re] – to ask, to request.
- ***possedere*** *v.tr.* [pos-se-dé-re] – to possess, to have, to own.
- ***soddisfatto*** *agg.* [sod-di-sfàt-to] – satisfied, pleased.
- ***desiderare*** *v.tr.* [de-si-de-rà-re] – to desire, to long for.
- ***riguardare*** *v.tr.* [ri-guar-dà-re] – to regard; to concern.
- ***per quanto mi riguarda*** – as far as I'm concerned.
- ***abbastanza*** *avv.* [ab-ba-stàn-za] – enough; fairly, quite.
- ***passeggiare*** *v.intr.* [pas-seg-già-re] – to walk, to stroll.
- ***stesso*** *agg.* [stés-so] – same.
- ***fermare*** *v.tr.* [fer-mà-re] – to stop, to halt.
- ***versare*** *v.tr.* [ver-sà-re] – to pour, to spill.
- ***trasformare*** *v.tr.* [tra-sfor-mà-re] – to transform, to turn (into).
- ***aggiungere*** *v.tr.* [ag-giùn-ge-re] – to add (to).
- ***ancora*** *avv.* [an-có-ra] – still; yet (in negative phrases).
- ***po'*** *avv.* = truncated ***poco***.
- ***poco*** *agg.* [pò-co] – little, not much; few.
- ***strappare*** *v.tr.* [strap-pà-re] – to rip, to split; to tear out.
- ***sparire*** *v.intr.* [spa-rì-re] – to disappear.

The doctor's advice / Il consiglio del medico

One time an old gentleman went to see a doctor. The doctor examined him and said: "Medicine won't help you. You must have a complete rest. Go to a quiet country place for a month, walk a lot, drink milk, go to bed early, and smoke just one cigar a day."

"Thank you very much," said the old gentleman, "I shall do everything you say."

Un giorno, un vecchio gentiluomo andò dal medico. Il medico lo visitò e disse: "La medicina non l'aiuterà. Lei ha bisogno di riposo assoluto. Vada in un paese tranquillo per un mese, cammini molto, beva latte, vada a dormire presto e fumi soltanto un sigaro al giorno."

"Grazie mille," disse il vecchio gentiluomo, "Farò tutto quello che mi ha detto."

A month later the gentleman came to the doctor again. "How do you feel?" said the doctor, "I am very glad to see you. You look much younger."

Un mese più tardi, il gentiluomo ritornò dal medico. "Come si sente ora?" chiese il medico, "Mi fa piacere rivederla. Sembra molto più giovane."

"Oh, doctor," said the gentleman, "I feel quite well now. I had a good rest. I went to bed early, I drank a lot of milk, and I walked a lot. Your advice certainly helped me. But you told me to smoke one cigar a day, and that one cigar a day almost killed me at first. It's no joke to start smoking at my age.

"Oh, dottore," disse il gentiluomo, "Mi sento abbastanza bene ora. Mi sono riposato. Sono andato a letto presto, ho bevuto molto latte e ho camminato molto. Il suo consiglio mi ha sicuramente aiutato. Ma mi ha detto di fumare un sigaro al giorno, e quell'unico sigaro al giorno mi ha quasi ucciso all'inizio. Non è uno scherzo iniziare a fumare alla mia età.

Key Vocabulary:

- *visitare* v.tr. [vi-si-tà-re] – to visit; to examine.
- *riposo* s.m. [ri-pò-so] – rest, repose.
- *tranquillo* agg. [tran-quìl-lo] – quiet; tranquil.
- *soltanto* avv. [sol-tàn-to] – only, just.
- *ritornare* v.intr. [ri-tor-nà-re] – to return; to come back.

The bellboy / Il fattorino

A tourist was standing in front of the reception desk of a Washington hotel. He was in a hurry. He had only ten minutes to pay his bill and arrive at the station. Suddenly he remembered that he had forgotten something.

Un turista era in piedi davanti alla reception di un hotel a Washington. Aveva fretta. Aveva solo dieci minuti per pagare il conto e arrivare alla stazione. Improvvisamente si ricordò di aver dimenticato qualcosa.

He called the bellboy and said: "Run up to room 85 and see whether I left a box on the table. Be quick please, I am in a hurry."

Chiamò il fattorino e disse: "Corri su nella stanza 85 e vedi se ho lasciato una scatola sopra al tavolo. Fai veloce per favore, ho fretta."

The boy ran up the stairs. Five minutes passed, while gentleman was walking up and down impatiently.

Il ragazzo corse su per le scale. Passarono cinque minuti, mentre il gentiluomo camminava su e giù impazientemente.

At last the boy came back. "Yes, sir," he said, "you left it there. It's on the table."

Finalmente il ragazzo ritornò. "Sì, signore," disse, "l'ha lasciata lì. È sopra al tavolo."

Key Vocabulary:

- *avere fretta* – to be in a hurry.
- *fattorino* s.m. [fat-to-rì-no] – messenger boy; bellboy.
- *ricordare* v.tr. [ri-cor-dà-re] – to remember.

- *dimenticare* v.tr. [di-men-ti-cà-re] – to forget.
- *correre* v.intr. [cór-re-re] – to run.
- *lasciare* v.tr. [la-scià-re] – to leave; to let.
- *fare* v.tr. [fà-re] – to make, to do.
- *fai veloce* – (literally) make it quick.
- *mentre* cong. [mén-tre] – while.
- *finalmente* avv. [fi-nal-mén-te] – finally, at last.

Aesop and the traveler / Aesop e il viaggiatore

Aesop was a very clever man who lived many hundreds of years ago in Greece. He wrote many fine stories. He was well-known as a man who liked jokes. One day, as he was enjoying a walk, he met a traveler, who greeted him and said:

"Signor, can you tell me how soon I shall get to town?"

Aesop era un uomo molto intelligente vissuto in Grecia molte centinaia di anni fa. Scrisse molte belle storie. Era molto conosciuto come uomo a cui piacevano gli scherzi. Un giorno, mentre si godeva una passeggiata, incontrò un viaggiatore, che lo salutò e disse:

"Signore, può dirmi quanto mi ci vorrà per arrivare in città?"

"Go," Aesop answered.

"I know I must go," protested the traveler, "but I want you to tell me how soon I shall get to town?"

"Go," Aesop said again angrily.

"Vada," Aesop rispose.

"Lo so che devo andare," protestò il viaggiatore, "ma voglio che lei mi dica quanto tempo mi ci vuole per arrivare in città?"

"Vada," rispose di nuovo Aesop arrabbiato.

"This man must be mad," the traveler thought and went on. After he had walked some distance, Aesop shouted after him:

"It will take you two hours to get to town."

"Quest'uomo deve essere pazzo," pensò il viaggiatore e se ne andò. Dopo che ebbe camminato una certa distanza, Aesop gli urlò:

"Ci vorranno due ore per arrivare in città."

The traveler turned around in astonishment. "Why didn't you tell me that before?" he asked.

Il viaggiatore si girò sbalordito. "E perché non me lo ha detto prima?" chiese.

"How could I have told you that before?" answered Aesop. "I did not know how fast you can walk."

"Come avrei potuto dirglielo prima?" rispose Aesop. "Non sapevo quanto veloce lei camminasse."

Key Vocabulary:

- ***intelligente*** *agg.* [in-tel-li-gèn-te] – intelligent, clever.
- ***vivere*** *v.intr.* [vì-ve-re] – to live.
- ***centinaio*** *s.m.* [cen-ti-nà-io] – (about a) hundred,
  ~a (pl.) – hundreds (meaning 'a great number').
- ***scrivere*** *v.tr.* [scrì-ve-re] – to write.
- ***conoscere*** *v.tr.* [co-nó-sce-re] – to know, to be acquainted with.
  conosciuto *agg.* [co-no-sciù-to] – known, well-known.
- ***piacere*** *v.intr.* [pia-cè-re] – to like.
- ***godere*** *v.tr.* [go-dé-re] – to enjoy.
- ***incontrare*** *v.tr.* [in-con-trà-re] – to meet; to run into (s.o.).
- ***salutare*** *v.tr.* [sa-lu-tà-re] – to greet; to say hello (or bye).
- ***ci vuole*** = it takes. (pl. form – ci vogliono).
  ci vuole un'ora per arrivare qui / it takes one hour to get here. *ci vogliono due giorni* / it takes two days.
- ***volere*** *v.tr.* [vo-lé-re] – to want.
- ***arrabbiato*** *agg.* [ar-rab-bià-to] – angry.
- ***pazzo*** *agg.* [pàz-zo] – crazy, mad.
- ***pensare*** *v.tr.* [pen-sà-re] – to think.
- ***certo*** *agg.* [cèr-to] – sure.
  un ~ | ***una certa*** = some, certain.
- ***girarsi*** *v.rf.* [gi-ràr-si] – to turn around, to turn.
- ***sapere*** *v.tr.* [sa-pé-re] – to know (how).

The clever poor man / Il povero uomo intelligente

One day a poor man was travelling on horseback. In the afternoon, when he was tired and hungry, he stopped tied his horse to a tree and sat down to have his lunch. A rich man came to that place and began to tie his horse to the same tree.

Un giorno, un uomo povero stava viaggiando a cavallo. Nel pomeriggio, quando si sentì stanco e affamato, si fermò, legò il suo cavallo ad un albero e si sedette per pranzare. Un uomo ricco arrivò nello stesso posto e iniziò a legare il suo cavallo allo stesso albero.

"Do not tie your horse to that tree," said the poor man, "my horse is wild, it will kill your horse. Tie it to another tree!"

"Non legate il vostro cavallo a quel albero," disse l'uomo povero, "il mio cavallo è selvaggio e ucciderà il suo cavallo. Lo leghi ad un altro albero!"

But the rich man answered: "I will tie my horse where I like!" So he tied up his horse and also sat down to eat his lunch. A few minutes later they heard a terrible noise and saw that the two horses were fighting. They ran up to them, but it was too late – the rich man's horse was killed.

Ma l'uomo ricco rispose: "Legherò il mio cavallo dove voglio!" Così, legò il suo cavallo e si sedette anche lui per mangiare. Dopo alcuni minuti, sentirono un terribile rumore e videro che i due cavalli si stavano scontrando. Corsero verso di loro, ma era troppo tardi – il cavallo dell'uomo ricco era già stato ucciso.

"See what your horse has done!" cried the rich man. "You will have to pay for it!" and he brought the poor man to the court.

"Hai visto cosa ha fatto il tuo cavallo!" urlò l'uomo ricco. "Ora dovrà pagarmelo!" e portò l'uomo povero in tribunale.

The judge turned to the poor man and asked: "Is it true that your horse killed his horse?" But the poor man answered nothing. Then the judge asked the poor man many other questions, but he did not say anything. At last the judge shouted: "This man is dumb. He cannot speak!"

Il giudice si rivolse verso l'uomo povero e chiese: "È vero che il suo cavallo ha ucciso il cavallo di lui?" Ma l'uomo povero non rispose. Poi il giudice ha chiesto l'uomo povero molte altre domande, ma lui non disse niente. Infine, il giudice urlò: "Questo uomo è muto. Non può parlare!"

"Oh," said the rich man, "he can speak as well as you and I. He spoke to me when I met him."

"Are you sure?" asked the judge. What did he say?"

"Oh," disse l'uomo ricco, "lui sa parlare bene quanto lei e me. Mi ha parlato quando l'ho incontrato."

"Ma ne è sicuro?" chiese il giudice. E cosa le ha detto?"

"Of course I am sure," answered the rich man. "He told me not to tie my horse to the same tree where his horse was tied. He said his horse was wild and would kill my horse."

"Certo che ne sono sicuro," rispose l'uomo ricco. "Mi ha detto di non legare il mio cavallo allo stesso albero dov'era legato il suo cavallo. Ha detto che il suo cavallo era selvaggio e avrebbe ucciso il mio cavallo."

"Oh," said the judge, "now I see that you are wrong. He warned you before. So he will not pay for your horse."

"Oh," disse il giudice, "ora vedo che lei ha torto. Lui l'aveva avvertito prima. Quindi non pagherà per il tuo cavallo."

Then he turned to the poor man and asked him why he had not answered all questions.

Poi si rivolse verso l'uomo povero e gli chiese perché non avesse risposto a tutte le domande.

The poor man said: "I did not answer you because I knew that you would believe a rich man rather than a poor man. So I wanted him to tell you everything, and now you see who was right and who was wrong."

L'uomo povero rispose: "Non le ho risposto perché sapevo che avrebbe creduto di più ad un uomo ricco invece che ad un uomo povero. Così, volevo che fosse lui a raccontarvi tutto, e ora può vedere chi ha ragione e chi ha torto."

Key Vocabulary:

- *sentire v.tr.* [sen-tì-re] – to hear; to feel.
- *stanco agg.* [stàn-co] – tired.
- *legare v.tr.* [le-gà-re] – to tie (up), to bind.
- *iniziare v.tr.* [i-ni-zià-re] – to begin; to initiate.
- *selvaggio agg.* [sel-vàg-gio] – wild, untamed.
- *uccidere v.tr.* [uc-cì-de-re] – to kill; to murder.
- *così avv.* [co-sì] – so; like this, this way.
- *dopo avv.* [dó-po] – after; later.
- *vedere v.tr.* [ve-dé-re] – to see; to look at.
- *scontrarsi v.rf.* [scon-tràr-si] – to fight, to scuffle; to clash.
- *urlare v.intr.* [ur-là-re] – to shout, to cry, to yell.
- *dovere v.aus.* [do-vé-re] – must; to have to.
- *portare v.tr.* [por-tà-re] – to carry; to bring; to take.
- *rivolgere v.tr.* [ri-vòl-ge-re] – to turn; ~ around; to address.
- *rispondere v.intr.* [ri-spón-de-re] – to answer, to respond.
- *muto agg.* [mù-to] – mute, dumb.
- *torto agg.* [tòr-to] – wrong; unfair.
- *quindi cong.* [quìn-di] – therefore, so.
- *avvertire v.tr.* [av-ver-tì-re] – to let know; to warn.
- *invece avv.* [in-vé-ce] – instead of; rather than.

1. Ruthless *(after W. de Mille)* / Spietato

Judson Webb was an American business man. He had a comfortable apartment in New York but in the summer he used to leave the dusty city and go to the country.

Judson Webb era un uomo d'affari americano. Aveva un comodo appartamento a New York ma in estate lasciava la polverosa città per andare in campagna.

There he had a cottage which consisted of three rooms, a bathroom and a kitchen. In one of the rooms there was a big closet. Mr. Webb liked his cottage very much, especially his closet where he kept his guns, fishing rods, wine and other things.

Lì aveva un cottage composto da tre stanze, un bagno e una cucina. In una delle camere c'era un grande armadio. Al Signor Webb piaceva molto il suo cottage, soprattutto il suo armadio dove teneva i suoi fucili, le sue canne da pesca, il vino e altre cose.

Judson Webb loved his possessions and even his wife was not allowed to have a key to the closet.

Judson Webb adorava i suoi averi e nemmeno sua moglie aveva il permesso di avere una chiave per quel armadio.

It was autumn now and Judson was packing his things for the winter. In a few minutes he would be going back to New York.

Era autunno, e Judson stava mettendo in valigia le sue cose per l'inverno. Tra pochi minuti sarebbe ritornato a New York.

As he looked at the shelf where he usually kept the whiskey, his face become serious. All the bottles were unopened except one. It was placed invitingly in front with a whiskey-glass by its side.

Mentre guardava la mensola dove di solito teneva il whiskey, la sua faccia si fece seria. Tutte le bottiglie erano chiuse

18

eccetto una. Era stata disposta in modo invitante davanti con un bicchiere da whiskey a fianco.

The bottle was less than half full. As he took the bottle from the shelf, Helen, his wife, spoke from the next room:

La bottiglia era meno di mezza piena. Mentre prendeva la bottiglia dalla mensola, Helen, sua moglie, gli parlò dalla stanza vicino:

"I've packed everything. Hasn't Alec come to get the keys?" Alec lived in the neighborhood and acted as caretaker.

"Ho messo tutto in valigia. Alec non è venuto a prendere le chiavi? Alec viveva nelle vicinanze e faceva da custode.

"He's at the lake pulling the boat out of the water. He said he would be back in half an hour!"

"È andato al lago a tirare fuori la barca dall'acqua. Ha detto che sarebbe ritornato in mezz'ora!"

Helen came into the room carrying the suitcase. She stopped and looked in surprise as she saw the bottle in her husband's hand.

Helen entrò nella stanza con la valigia. Si fermò e rimase stupita vedendo la bottiglia nelle mani del marito.

"Judson," she exclaimed, "you're not taking a drink at ten in the morning, are you?"

"Judson," esclamò, "non stai bevendo al dieci del mattino, vero?"

"No, dear. I'm not drinking anything out of this bottle. I am just putting something into it." He took two small white pills out of his pocket and put them on the table. Then he opened the bottle.

"No, cara. Non mi sto bevendo niente da questa bottiglia. Ci sto solo mettendo dentro qualcosa." Prese due piccole pillole bianche dalla tasca e le mise sul tavolo. Poi aprì la bottiglia.

"The person who broke into my closet last winter and stole my whiskey will probably try to do it again while we are away," he went on, "only this time he'll be very sorry if he comes.

"La persona che ha forzato il mio armadio lo scorso inverno e ha rubato il mio whiskey, probabilmente ci riproverà mentre siamo via," continuò, "solo che questa volta se ne pentirà se prova a venire."

Then one by one he dropped the pills into the bottle and held it up to watch them dissolve. His wife looked at him in horror.

Poi, una alla volta, lasciò cadere le pillole nella bottiglia e la alzò per vederle sciogliere. Sua moglie lo guardò con orrore.

"What are they?" she asked him at last. "Will they make the man sick?"

"Cosa sono?" finalmente gli chiese. "Faranno male all'uomo?"

"Not only sick. They will kill him," he answered with satisfaction.

"Non solo male. Lo uccideranno," rispose lui con soddisfazione.

He closed the bottle and put it back on the shelf near the little whiskey-glass. He was pleased. Then he said:

Chiuse la bottiglia e la rimise sulla mensola vicino al bicchiere da whiskey. Si sentiva soddisfatto. Poi disse:

"Now, Mr. Thief, when you come back, drink as much whiskey as you wish..."

"Ora, Signor Ladro, quando tornerai, bevi quanto whiskey vuoi..."

Helen's face was pale.

"Don't do it, Judson," she cried. "It's horrible, it's murder!"

Il viso di Helen era pallido.

"Non farlo, Judson," urlò. "È orribile, è un omicidio!"

"The law does not call it murder if I shoot a thief who is entering my house by force."

"La legge non lo chiama omicidio quando sparo a un ladro che sta entrando in casa mia con la forza."

"Don't do it," she begged, "the law does not punish burglary by death, what rights have you?"

"Non farlo," supplicò lei, "la legge non punisce i furti con scasso con la morte, che diritto hai tu di farlo?"

"When it comes to protecting my property, I make my own laws."

"Quando si tratta di proteggere la mia proprietà, le leggi le decido io."

He was now like a big dog which was afraid that somebody would take away his bone.

Ora era come un grosso cane, impaurito che qualcuno gli portasse via il suo osso.

"But all they did was to steal a little whiskey," she said, "probably some boys. They did not do any real damage."

"Ma tutto quello che hanno fatto è rubare un po' di whiskey," disse lei, "probabilmente sono stati dei ragazzi. Non hanno fatto alcun danno reale."

"It does not matter. If a man robs me of five dollars it is the same as if he took a hundred. A thief is a thief." She made one last effort to convince him.

"Non importa. Se un uomo mi ruba cinque dollari è come se ne avesse presi cento. Un ladro è sempre un ladro." Cercò di convincerlo ancora un'ultima volta.

"We won't return here again till next spring. I shall worry all the time knowing that this bottle full of poison is here. Suppose something happens to us and nobody knows..."

"Non ritorneremo qui fino alla prossima primavera. Sarò preoccupata per tutto questo tempo sapendo che qui si trova questa bottiglia piena di veleno. Supponi che qualcosa accada a noi e nessuno sa..."

He laughed at her sincerity. "We'll risk it," he said. "I've made my money by taking risks. If I die, it will all belong to you, and you can do as you please."

Lui si mise a ridere per la sua sincerità. "Rischieremo," disse lui. "I miei soldi li ho guadagnati rischiando. Se muoio, tutto apparterrà a te, e potrai fare come ti pare."

She knew it was useless to argue. He had always been ruthless in business. She went to the door with a sigh of defeat.

Lei sapeva che era inutile discutere. Era sempre stato spietato negli affari. Si diresse verso la porta con un sospiro di sconfitta.

"I'll walk down the road and say good-buy at the farmhouse," she said quietly. She had made up her mind to tell everything to caretaker's wife. Somebody had to know.

"Faccio una passeggiata lungo la strada e vado a salutare tutti alla fattoria," disse con calma. Aveva deciso di raccontare tutto alla moglie del custode. Qualcuno lo doveva sapere.

"All right, my dear," he smiled, "and don't worry about your poor little burglar. No one is going to be hurt unless he breaks in."

"Va bene, cara," sorrise lui, "e non preoccuparti del tuo povero piccolo ladruncolo. Nessuno si farà del male a meno che non irrompa in questa casa."

Helen went down the road and Judson started to close the closet door. Then he suddenly remembered that he had not packed his hunting boots that were drying outside on the heavy table in the garden.

Helen camminò lungo la strada e Judson iniziò a chiudere la porta dell'armadio. Poi, improvvisamente si ricordò che non aveva messo in valigia i suoi stivali da caccia che si stavano asciugando fuori sul pesante tavolo in giardino.

So, leaving the door open, he went to get them. But while he was taking his boots he suddenly slipped on a stone and his head struck the massive table as he fell.

Quindi, lasciando la porta aperta, andò a prenderli. Ma mentre stava prendendo i suoi stivali, improvvisamente scivolò su un sasso e la sua testa colpì il massiccio tavolo mentre cadeva.

Several minutes later he felt a strong arm round him and Alec's voice saying" "It's all right, Mr. Webb, it was not a bad fall. Take this – it will make you feel better."

Alcuni minuti più tardi sentì un forte braccio attorno a lui e la voce di Alec che diceva "Va tutto bene, Signor Webb, non è stata una brutta caduta. Prenda questo – la farà sentire meglio."

A small whiskey-glass was pressed to his lips. Half-conscious he drank.

Un piccolo bicchiere di whiskey è stato premuto alle sue labbra. Semicosciente ha bevuto.

Key Vocabulary:

- *comodo* *agg.* [cò-mo-do] – comfortable.
- *là* *avv.* – over there, there.
- *composto* *agg.* [com-pó-sto] – composed, made up of.
- **soprattutto** avv. [so-prat-tùt-to] – above all; especially.
- *fucile* *s.m.* [fu-cì-le] – rifle, gun.
- *canna* *s.f.* [càn-na] – cane; fishing rod.

- *avere* v.aus. [a-vé-re] – to have.
  (functions as a noun in plural: ~*i* = possessions).
- *nemmeno* avv. [nem-mé-no] – neither; not even.
- *mettere* v.tr. [mét-te-re] – to put, to place.
- *cosa* s.f. [cò-sa] – thing, matter.
- *disporre* v.tr. [di-spór-re] – to arrange, to dispose.
- *venire* v.intr. [ve-nì-re] – to come; to come out.
- *vicinanza* s.f. [vi-ci-nàn-za] – vicinity, neighborhood.
- *tirare* v.tr. [ti-rà-re] – to pull; to drag.
- *rimanere* v.intr. [ri-ma-né-re] – to remain, to stay.
- *stupire* v.tr. [stu-pì-re] – to surprise, to stun, to amaze.
  stupito agg. [stu-pì-to] - surprised, amazed, stunned.
- *dentro* avv. [dén-tro] – in, inside.
- *prendere* v.tr. [prèn-de-re] – to take; to get.
- *forzare* v.tr. [for-zà-re] – to force; to break open.
- *rubare* v.tr. [ru-bà-re] – to steal.
- *riprovare* v.tr. [ri-pro-và-re] – to retry, to try again.
- *pentirsi* v.rf. [pen-tìr-si] – to regret, to be penitent.
- *alzare* v.tr. [al-zà-re] – to lift (up), to raise.
- *sciogliere* v.tr. [sciò-glie-re] – to melt, to dissolve.
- *rimettere* v.tr. [ri-mét-te-re] – to put back.
- *sparare* v.tr. [spa-rà-re] – to shoot, to fire.
- *supplicare* v.tr. [sup-pli-cà-re] – to implore, to beg.
- *furto* s.f. [fùr-to] – theft.
- *scasso* s.m. [scàs-so] – break-in.
  il furto con scasso – burglary.
- *trattare* v.tr. [trat-tà-re] – to deal with; to treat.
- *decidere* v.tr. [de-cì-de-re] – to decide.
- *convincere* v.tr. [con-vìn-ce-re] – to convince, to persuade.
- *accadere* v.intr. [ac-ca-dé-re] – to happen.
- *guadagnare* v.tr. [gua-da-gnà-re] – to earn, to make.
- *morire* v.intr. [mo-rì-re] – to die.
- *ladruncolo* s.m. [la-drùn-co-lo] – petty thief, pilferer.
- *irrompere* v.intr. [ir-róm-pe-re] – to break in(to).
- *scivolare* v.intr. [sci-vo-là-re] – to slip; to slide.
- *premere* v.tr. [prè-me-re] – to press; to push (button etc.).

2. While the auto waits *(after O. Henry)* / Mentre l'automobile attende

The girl in grey came again to that quiet corner of the small park at the beginning of twilight. She sat down upon a bench and began to read a book. Her dress was very simple. Her face was very beautiful.

La ragazza vestita di grigio ritornò a quell'angolo tranquillo del piccolo parco all'inizio del crepuscolo. Si sedette su una panchina e iniziò a leggere un libro. Il suo vestito era molto semplice. Il suo viso era molto bello.

She had come here at the same hour on the previous day, and on the day before that, and there was a young man who knew it.

Era venuta qui alla stessa ora il giorno precedente, e anche il giorno prima di quello, e c'era un giovane uomo che lo sapeva.

The young man saw the girl and came near. At that moment her book slipped from her fingers and fell on the ground.

Il giovane uomo vide la ragazze e si avvicinò. In quel momento, il libro le scivolò dalle dita e cadde a terra.

The young man picked up the book, returned it to the girl politely, saying a few words about the weather, and stood waiting.

Il giovane uomo raccolse il libro, lo ritornò gentilmente alla ragazza, dicendo alcune parole sul tempo, e rimase in piedi in attesa.

The girl looked at his simple coat and his common face. "You may sit down, if you like," she said. "The light is not good for reading. I would prefer to talk."

La ragazza guardò il suo semplice cappotto e il suo viso comune. "Puoi sederti, se vuoi," disse lei. "La luce non è adatta per leggere. Preferirei parlare."

25

"Do you know," young man said, "that you are the finest girl I have seen. I saw you here yesterday."

"Lo sai," disse il giovane, "che sei la ragazza più bella che io abbia mai visto. Ti ho visto qui ieri."

"Whoever you are," said the girl in an icy tone, "you must remember that I am a lady."

"Chiunque tu sia," disse la ragazza in un tono gelido, "devi ricordare che sono una signora."

I beg your pardon," said the young man. "It was my fault, you know – I mean, there are girls in the parks, you know – of course, you don't know, but..."

"Chiedo scusa," disse il giovane uomo. "È stata colpa mia, sai – volevo dire, ci sono ragazze nel parco, lo sai – naturalmente che non lo sai, ma..."

"Let's change the subject. Of course, I know. Now tell me what you think about these passing people.

"Cambiamo discorso. Certo che lo so. Ora, dimmi cosa pensi di queste persone che passano di qua.

Where are they going? Why do they always seem in a hurry? Are they happy?" The young man thought for a moment how to respond, but the girl continued.

Dove stanno andando? Perché sembrano andare sempre di fretta? Sono felici?" Il giovane pensò per un attimo a come rispondere, ma la ragazza continuò.

"I come to this park because it is only here that I can to be near the masses of people. I speak to you because I want to talk to a common man, unspoiled by money.

"Io vengo in questo parco perché è solo qui che riesco a essere vicina alle masse di persone. Parlo con te perché voglio parlare con un uomo comune, non corrotto dal denaro.

26

Oh! You don't know how tired I am of money – money, money! And of the men who surround me. I am tired of pleasure, of jewels, of travel."

Oh! Tu non sai come sono stanca del denaro – denaro-denaro! E di tutti gli uomini che ho attorno. Sono stanca del divertimento, dei gioielli, di viaggiare."

"I always had an idea," said the young man, "that money must be a very good thing."

"Ho sempre avuto un'idea," disse il giovane uomo, "che il denaro deve essere una cosa molto bella."

"Well, when you have millions! Drivers, dinners, theaters, parties! I am tired of it!" said the young girl.

"Ebbene, quando hai i milioni! Autisti, cene, teatri, feste! Sono stanca di tutto questo!" disse la giovane ragazza.

The young man looked at her with interest. "I have always liked," he said, "to read and to hear about the life of rich people."

Il giovane la guardò con interesse. "Mi è sempre piaciuto," disse lui "leggere e sentir parlare della vita delle persone ricche."

"Sometimes," continued the girl, "if I ever loved a man. I should love a simple man. – What is your profession?"

"A volte," continuò la ragazza, "se mi innamorerò di un uomo, amerò un uomo semplice. – Qual è la tua professione?"

"I am a very simple man. But I hope to rise in the world. Did you really mean it when you said that you could love a simple man?"

"Sono un uomo molto semplice. Ma spero di farmi strada nel mondo. Dicevi sul serio quando hai detto che potresti innamorarti di un uomo semplice?"

"I really did," she said.

"I work at a restaurant," said he. The girl drew back a little. "Not as a waiter?" she asked.

"Sì, davvero," disse lei.

"Io lavoro in un ristorante," disse lui. La ragazza si ritrasse un po'. "Non come cameriere?" chiese lei.

"I am a cashier in that restaurant you see over there with that brilliant electric sign: 'Restaurant'."

"Sono un cassiere in quel ristorante che vedi laggiù con quella luminosa insegna elettrica: 'Ristorante'."

The girl looked at het watch and rose. "Why you are not at work?" she asked.

La ragazza guardò il suo orologio e si alzò. "Perché non sei al lavoro ora" chiese lei.

"I am on the night shift," replied the young man, "it is still an hour till my work begins. May I hope to see you again?"

"Ho il turno di notte," rispose il giovane uomo, "ho ancora un'ora di tempo prima di iniziare il mio lavoro. Posso sperare di rivederti ancora?"

"I don't know, perhaps. I must go now. There is a dinner and concert tonight. May be you noticed a white automobile at the gate of the park when you came?"

"Non lo so, forse. Ora devo andare. Ho una cena e un concerto stasera. Hai per caso notato un'auto bianca al cancello del parco quando sei arrivato?"

"Yes, I did," said the young man.

"I always come in it. The driver is waiting for me there. Good night."

"Sì, l'ho vista," disse il giovane.

"Arrivo sempre con quella. L'autista mi sta aspettando là. Buonasera."

"But it's almost dark now," said the young man, "and the park is full of rude men. May I accompany you to the car?"

"Ma è quasi buio," disse il giovane, "e il parco è pieno di uomini maleducati. Posso accompagnarti all'auto?"

"No, you will remain on this bench for ten minutes after I have left." And she went away.

"No, tu rimarrai qui su questa panchina per altri dieci minuti dopo che me ne sarò andata." E se ne andò.

The young man looked at her elegant figure while she was walking to the entrance of the park. Then he rose and followed here.

Il giovane osservò la sua elegante figura mentre camminava verso l'ingresso del parco. Poi si alzò e la seguì.

When she reached the park gate, she turned her head and looked at the car, then walked by it, crossed the street and entered the restaurant with the brilliant electric sign: 'Restaurant'. A red-haired girl left the cashier's desk, and the girl in grey took her place.

Quando lei raggiunse il cancello del parco, girò la testa e guardò l'automobile, la passò e attraversò la strada ed entrò nel ristorante con la luminosa insegna elettrica: 'Ristorante'. Una ragazza dai capelli rossi lasciò la cassa, e la ragazza vestita di grigio prese il suo posto.

The young man put his hands into his pockets and walked slowly down the street. Then he stepped into the white automobile and said to the driver: "To the club, Henry."

Il giovane mise le mani in tasca e camminò lentamente giù per la strada. Poi entrò nell'automobile bianca e disse all'autista: "Al club Henry."

Key Vocabulary:

- *crepuscolo* s.m. [cre-pù-sco-lo] – twilight, dusk.
- *precedente* agg. [pre-ce-dèn-te] – previous, preceding.
- *avvicinare* v.tr. [av-vi-ci-nà-re] – to approach, to come near.
- *cadere* v.intr. [ca-dé-re] – to fall.
- *raccogliere* v.tr. [rac-cò-glie-re] – to pick up; to collect.
- *adatto* agg. [a-dàt-to] – suitable, suited, appropriate.
- *preferire* v.tr. [pre-fe-rì-re] – to prefer.
- *chiunque* pron. [chiùn-que] – whoever; anyone.
- *gelido* agg. [gè-li-do] – icy, freezing.
- *discorso* s.m. [di-scór-so] – speech, talk; subject.
- *riuscire* v.intr. [riu-scì-re] – to succeed (in doing); to manage;
  can, to be able.
- *corrotto* agg. [cor-rót-to] – corrupt.
- *attorno* avv. [at-tór-no] – around, round.
- *farmi strada nel mondo* – (lit.) to make my way in the world.
- *davvero* avv. [dav-vé-ro] – really, indeed.
- *ritrarre* v.tr. [ri-tràr-re] – to draw back/in; to retract.
- *turno* s.m. [tùr-no] – shift (of work); turn.
- *sperare* v.tr. [spe-rà-re] – to hope.
- *maleducato* agg. [ma-le-du-cà-to] – impolite, rude.
- *osservare* v.tr. [os-ser-và-re] – to observe, to watch.
- *raggiungere* v.tr. [rag-giùn-ge-re] – to reach; to catch up with.

3. Jimmy Valentine's retrieved reformation
(after O. Henry) /
Jimmy Valentine recupera la sua trasformazione

A guard came to the prison shoe shop where Jimmy Valentine was working and took him to the prison office. There the warden handed Jimmy his pardon, which has been signed that morning by the governor.

Una guardia arrivò al negozio di scarpe della prigione dove Jimmy Valentine stava lavorando e lo portò all'ufficio della prigione. Là, il direttore della prigione consegnò a Jimmy l'indulto, firmato la mattina stessa dal governatore.

Jimmy took it quietly; he was too tired to show excitement. He had been in prison nearly ten months and he had been sentenced to four years.

Jimmy lo prese con calma; era troppo stanco per mostrarsi emozionato. Era in prigione da quasi dieci mesi ed era stato condannato a quattro anni.

True, he had expected to stay only about three months, at the longest. He had a lot of friends and he was sure they would help him.

È vero, pensava di rimanere in prigione solo tre mesi circa, al massimo. Aveva molti amici ed era sicuro che lo avrebbero aiutato.

"Now, Valentine," said the warden, "You'll get out in the morning. You're not a bad fellow really. Stop breaking open safes and be honest."

"Ora, Valentine," disse il direttore della prigione, "Uscirai domani mattina. Non sei un cattivo ragazzo, per niente. Smettila di scassinare casseforti e fai l'onesto."

"Me?" said Jimmy, in surprise. "Why, I've never broken open a safe in my life."

"Io?" disse Jimmy, sorpreso. "Perché, non ho mai scassinato una cassaforte in tutta la mia vita."

"Of course not" laughed the warden. "And what about that Springfield job? Do you mean to say you didn't take part in it?"

"Certo che no" rise il direttore. "E che ne dici del lavoro a Springfield? Vuoi dirmi che non ne hai preso parte?"

"Me?" said Jimmy even more surprised. "Warden, I've never been to Springfield in my life!"

"Io?" disse Jimmy ancora più sorpreso. "Direttore, non sono mai stato a Springfield in tutta la mia vita!"

"Take him back," the warden said to the guard smiling, "and give him some clothes. Tomorrow unlock him at seven and bring him to the office. You better think over my advice, Valentine."

"Riportalo al suo posto," disse il direttore della prigione alla guardia sorridente, "e dagli dei vestiti. Domani liberalo alle sette e portalo nell'ufficio. Faresti meglio a ripensare al mio consiglio, Valentine."

At a quarter past seven the next morning Jimmy stood in the warden's office. He wore a badly fitting suit and the cheap shoes that the state gives to prisoners, when they are set free.

Alle sette e un quarto del mattino dopo, Jimmy si trovava nell'ufficio del direttore della prigione. Indossava un abito della taglia sbagliata e le scarpe economiche che lo stato dava ai detenuti, quando venivano liberati.

The clerk handed him a railroad ticket and the five-dollar bill with which he was supposed to start a new, honest life.

L'impiegato gli consegnò un biglietto ferroviario e una banconota da cinque dollari con cui avrebbe dovuto iniziare una nuova, onesta vita.

The warden gave him a cigar, and they shook hands. Valentine, 9762, was registered in the books "Pardoned by Governor," and Mr. James Valentine walked out into the sunshine.

Il direttore della prigione gli diede un sigaro, e si strinsero la mano. Valentine, 9762, era registrato nei registri "Graziato dal Governatore", e il Signor James Valentine uscì alla luce del sole.

Paying no attention to the song of the birds, the green trees, and a smell of the flowers, Jimmy went straight to a restaurant.

Senza prestare attenzione al canto degli uccelli, al verde degli alberi, al profumo dei fiori, Jimmy si diresse immediatamente verso un ristorante.

There he ordered a roast chicken and a bottle of white wine and a better cigar than the one the warden gave him before.

Là, ordinò un pollo arrosto e una bottiglia di vino bianco e un sigaro migliore di quello che gli venne dato prima dal direttore della prigione.

After the lunch he walked slowly to the railroad station. He put a quarter into the hat of a blind man who was sitting by the door of the station and then took a train.

Dopo pranzo, si diresse lentamente verso la stazione ferroviaria. Mise un quarto di dollaro nel cappello di un uomo cieco seduto presso la porta della stazione e salì su un treno.

Three hours later he arrived at his native town, went directly to the café of his old friend Mike Dolan and shook hands with Mike, who was alone behind the counter.

Tre ore più tardi, arrivò al suo paese natale, andò subito al bar del suo vecchio amico Mike Dolan che in quel momento si trovava da solo dietro alla cassa e gli strinse la mano.

"Sorry we couldn't make it sooner, Jimmy, my boy," said Mike. "It was not easy this time and we had a lot of trouble. Are you all right?"

"I'm fine," said Jimmy. "Do you have my key?"

"Mi dispiace, non siamo riusciti a farlo prima, Jimmy, ragazzo mio," disse Mike. "Non è stato facile questa volta e abbiamo avuto parecchi problemi. Stai bene?"

"Sì, sto bene," disse Jimmy. "Hai la mia chiave?"

He took the key and went upstairs, unlocking the door of his room. Everything was just as he left it. There on the floor was still the collar-button that had been torn from the shirt of Ben Price – the well-known detective – when Price had come to arrest Jimmy.

Prese la chiave e andò di sopra, aprì la porta della sua camera ed entrò. La stanza era come l'aveva lasciata. Là sul pavimento c'era ancora il bottone del colletto che gli venne strappata dalla camicia da Ben Price – il noto detective – quando Price venne ad arrestare Jimmy.

Jimmy removed a panel in the wall and dragged out a dust-covered suitcase. He opened it and looked fondly at the finest set of burglar's tools in the East. It was a complete set made of special steel.

Jimmy rimosse un pannello dal muro e tirò fuori una valigia coperta di polvere. La aprì e guardò con affetto al set di strumenti da scasso più bello dell'Est. Era un set completo fatto di acciaio speciale.

The set consisted of various tools of the latest design. He had invented two or three of them himself, and was very proud of them. Over nine hundred dollars they have cost him!

Il set comprendeva vari strumenti dal design più recente. Due o tre pezzi li aveva inventati lui da solo, e ne era molto orgoglioso. Gli erano costati oltre novecento dollari!

Half an hour later Jimmy went downstairs. He was now dressed in an elegant new suit, and carried his cleaned suitcase in his hand.

Dopo mezz'ora, Jimmy ritornò giù. Ora indossava un abito nuovo ed elegante, e aveva in mano la sua valigia pulita.

"What are you going to do next? To break another safe?" asked Mike Dolan smiling cheerfully.

"Cosa farai ora? Scassinerai un'altra cassaforte?" chiese Mike Dolan sorridendo allegramente.

"I don't understand. I'm representing the New York Biscuit Company." This statement delighted Mike to such an extent that he burst out laughing.

"Non capisco. Rappresento la Biscuit Company di New York." Questa affermazione deliziò Mike che scoppiò a ridere.

A week after the release of Valentine, 9762, there was a new safe-burglary in Richmond, Indiana. Only eight hundred dollars were stolen. Two weeks after that another safe was opened and fifteen hundred dollars disappeared; securities and silver were untouched.

Una settimana dopo il rilascio di Valentine, 9762, ci fu un'altra cassaforte scassinata a Richmond, Indiana. Furono rubati solo ottocento dollari. Due settimane dopo, venne aperta un'altra cassaforte e sparirono millecinquecento dollari; titoli e argento rimasero intatti.

That began to interest the detectives. A few days later the Jefferson City Bank was robbed and banknotes amounting to five thousand dollars were taken.

I detective iniziarono a interessarsi al caso. Alcuni giorni dopo la Jefferson City Bank venne rapinata e vennero prese banconote che ammontavano a cinque mila dollari.

The amount taken was too high now and it was time for so well-known a detective as Ben Price to begin investigation. Ben Price investigated the scenes of the robberies and noticed a striking similarity in the methods of the burglaries and later he was heard to say:

La somma presa era troppo alta ora ed era il momento che un detective noto come Ben Price iniziasse a investigare. Ben Price investigò le scene delle rapine e notò una somiglianza sorprendente nei metodi dei furti, e più tardi lo sentirono dire:

"That's all Jimmy Valentine's work. He's resumed business. Only he has those fine tools that can open any safe without leaving the slightest trace. Yes, it is Mr. Valentine."

"Questo è tutto lavoro di Jimmy Valentine. Ha ripreso gli affari. Solo lui possiede strumenti così precisi per aprire qualsiasi cassaforte senza lasciare nemmeno la minima traccia. Sì, è il Signor Valentine."

One afternoon Jimmy Valentine and his suitcase climbed out of a train in Elmore, a little town in Arkansas. Jimmy, looking like a student who had just come home from college, walked out of the station and went toward the hotel.

Un pomeriggio, Jimmy Valentine e la sua valigia uscirono da un treno a Elmore, un piccolo paese ad Arkansas. Jimmy, che sembrava come uno studente appena ritornato a casa dal college, uscì dalla stazione e si diresse verso l'hotel.

A young lady crossed the street, passed him at the corner and entered a door over which was the sign "The Elmore Bank." Jimmy Valentine looked into her eyes, forgot what he was, and became another man.

Una giovane donna attraversò la strada, gli passò davanti all'angolo ed entrò in una porta, sopra cui c'era l'insegna "The Elmore Bank." Jimmy Valentine la guardò negli occhi, dimenticò cos'era, e diventò un altro uomo.

She lowered her eyes and blushed slightly. Young man of Jimmy's style and looks were scarce in Elmore.

Lei abbassò gli occhi e arrossì leggermente. Un giovane uomo con lo stile e l'aspetto di Jimmy scarseggiavano ad Elmore.

Jimmy called a boy who was standing on the steps of the bank as if he were one of the stockholders, and began to ask him questions about the town, giving the boy dimes from time to time.

Jimmy chiamò un ragazzo che si trovava sui gradini della banca, come se fosse stato uno degli azionisti, e iniziò a fargli domande sulla città, dandogli ogni tanto qualche centesimo.

After a short while the young lady came out, passed Jimmy again, pretending not to see him, and went on her way.

Dopo un po' di tempo, la giovane donna uscì, passò di nuovo davanti a Jimmy fingendo di non vederlo, e proseguì per la sua strada.

"Isn't that young lady Miss Polly Simpson?" asked Jimmy shrewdly.

"Quella giovane donna non è la Signorina Polly Simpson?" chiese Jimmy astutamente.

"No," said the boy. "She is Annabel Adams. Her father owns this bank. "

"No," disse il ragazzo. "È Annabel Adams. Suo padre possiede questa banca."

Jimmy went to the Planters' Hotel, registered as Ralph D. Spencer, and reserved a room. He leaned on the desk and stated his intentions to the clerk. He said he had come to Elmore to start business.

Jimmy si diresse verso il Planters' Hotel, si registrò come Ralph D. Spencer, e prenotò una stanza. Si appoggiò sul bancone e dichiarò le sue intenzioni all'impiegato. Disse che era venuto a Elmore per iniziare un'attività.

How was the shoe business now in the town? Was it worthwhile opening a shoe store? The clerk was impressed by the clothes and manner of Jimmy and he was ready to give the young man any information he desired.

Com'era il settore delle calzature in paese? Valeva la pena aprire un negozio di scarpe? L'impiegato rimase colpito dall'abbigliamento e dalle maniere di Jimmy ed era pronto a dare al giovane uomo tutte le informazione che desiderava.

Yes, it was worthwhile investing in the shoe business, he thought. There wasn't a shoe store in the town. The business appeared to be a good idea from any point of view.

Sì, valeva la pena investire nel settore delle calzature, pensò. Non c'era un negozio di scarpe in paese. L'attività sembrava una buona idea sotto tutti i punti di vista.

"I hope, Mr. Spencer, you'll decide to stay in Elmore. You'll find it a pleasant town to live in, and the people are very nice," continued the clerk.

"Mi auguro, Signor Spencer, che lei decida di rimanere ad Elmore. Troverà che è una piacevole città in cui vivere, e gli abitanti sono molto cordiali," continuò l'impiegato.

Mr. Spencer said that he would stay for a few days and consider the situation. The clerk wanted to call the boy to carry up the suitcase, but Mr. Spencer said that he would carry his suitcase himself; it was rather heavy.

Il Signor Spencer disse che sarebbe rimasto per qualche giorno per considerare la situazione. L'impiegato voleva chiamare il ragazzo per portare la valigia al piano superiore, ma il Signor Spencer disse che avrebbe portato la valigia da sé; era piuttosto pesante.

Mr. Ralph Spencer, the phoenix that arose from Jimmy Valentine's ashes – ashes left by the flame of a sudden attack of love – remained in Elmore and prospered. He opened a shoe store and was making large profits. In all other respects he was also a success.

Il Signor Ralph Spencer, la fenice sorta dalle ceneri di Jimmy Valentine – ceneri rimaste dalla fiamma di un improvviso attacco d'amore – rimase ad Elmore e prosperò. Aprì un negozio di scarpe e fece grandi profitti. Sotto tutti gli aspetti ebbe successo.

He was popular with many important people and had many friends. And he fulfilled the wish of his heart. He met Miss Annabel Adams, and fell deeply in love with her.

Aveva molto successo tra le persone importanti e aveva molti amici. Riuscì pure a soddisfare un desiderio del suo cuore. Incontrò la Signorina Annabel Adams e se ne innamorò profondamente.

After a year the situation of Mr. Ralph Spencer was this: he had won the respect of most the inhabitants of the place, his shoe store was prospering, and he and Annabel were to be married in two weeks.

Dopo un anno la situazione del Signor Ralph Spencer era questa: si era guadagnato il rispetto di gran parte degli abitanti del luogo, la sua attività di calzature era prospera, e si sarebbe sposato con Annabel tra due settimane.

Mr. Adams, Annabel's father, who was a typical country banker, approved of Spencer. Annabel herself was proud of her fiancé. In fact her pride almost equaled to her affection.

Il Signor Adams, il padre di Annabel, un tipico bancario di paese, accettava Spencer e Annabel era fiera del suo fidanzato. Infatti, il suo orgoglio quasi eguagliava il suo affetto.

One day Jimmy sat down in his room and wrote this letter which he sent to the address of one of his old friends:

*Un giorno Jimmy si sedette in camera sua e scrisse questa
lettera che spedì all'indirizzo di uno dei suoi vecchi amici:*

"Dear Old Chap,

I want you to be at Brown's Café, in Little Rock, next
Wednesday at nine o'clock in the evening. I want you to do
something for me. And, also, I want to make you a present of my
tools. I know you'll be glad to have them – you couldn't get such a set
for a thousand dollars.

"Caro Vecchio Amico,

*Voglio che tu venga al Brown's Cafe, a Little Rock, il
prossimo mercoledì alle ore nove di sera. Voglio che tu faccia
qualcosa per me. E, vorrei anche darti in dono i miei strumenti. Lo
so che sarai contento di averli – non riusciresti ad avere un tale set
nemmeno per mille dollari.*

Billy, I gave up the old business a year ago. I am making an
honest living now and in two weeks I'm going to marry the finest girl
on earth. I wouldn't touch a dollar of another man's money now for a
million.

*Billy, ho rinunciato alla mia vecchia attività un anno fa. Mi
guadagno da vivere in modo onesto ora e tra due settimane mi
sposerò con la ragazza più bella sulla terra. Ora, non toccherei un
dollaro di un'altra persona nemmeno per un milione.*

After I get married I'm going to sell my shoe store and move
west, where there won't be a danger of meeting people who knew me
before. I tell you, Billy, she's an angel.

*Dopo il mio matrimonio, ho intenzione di vendere il mio
negozio di scarpe e di spostarmi verso ovest, dove non correrò il
rischio di incontrare persone che mi conoscevano prima. Ti dirò
Billy, lei è un angelo.*

She believes in me and I would never do another wrong thing
for the whole world. Do come to Brown's, because I must see you. I'll
bring the tools with me.

40

Your old friend,

Jimmy."

Lei crede in me e non potrei ma fare un'altra cosa sbagliata per niente al mondo. Per favore, viene da Brown's, perché devo vederti. Porterò con me gli strumenti.

Il tuo vecchio amico,

Jimmy."

On the Monday night after Jimmy wrote this letter, Ben Price, the detective, arrived in Elmore. He walked around town until he found what he wanted to know.

Il lunedì sera, dopo che Jimmy scrisse questa lettera, Ben Price, il detective arrivò ad Elmore. Camminò per il paese finché scoprì quello che voleva sapere.

From the pharmacy across the street from Spencer's shoe store he took a good look at Ralph D. Spencer.

Dalla farmacia che si trovava sul lato opposto della strada del negozio di scarpe di Spencer, osservò attentamente Ralph D. Spencer.

"Going to marry the banker's daughter, are you, Jimmy?" said Ben to himself, softly. "Well, I don't know!"

"Ti sposerai con la figlia del banchiere, vero Jimmy?" disse Ben tra sé, piano. "Beh, non lo so!"

The next morning Jimmy took breakfast at the Adams' house. He was going to Little Rock that day to order his wedding suit and buy something nice for Annabel. That would be the first time he had left town since he came to Elmore.

Il mattino seguente, Jimmy fece colazione a casa di Adam. Oggi doveva andare a Little Rock a ordinare il suo abito da sposo e acquistare qualcosa di carino per Annabel. Questa sarebbe stata la prima volta che lasciava il paese dopo il suo arrivo ad Elmore.

After breakfast the whole family went for a walk together: Mr. Adams, Annabel, Jimmy, and Annabel's married sister with her two little girls, ages five and nine.

Dopo colazione, l'intera famiglia andò a fare una lunga passeggiata: Il Signor Adams, Annabel, Jimmy e la sorella sposata di Annabel con le sue due piccole figlie, di cinque e nove anni.

They passed by the hotel where Jimmy still stayed, and he ran up to his room and brought his suitcase. Then they went on to the bank.

Passarono per l'hotel dove Jimmy ancora soggiornava, e lui corse su nella sua stanza a prendere la usa valigia. Poi proseguirono verso la banca.

There at the bank stood Jimmy's horse and buggy and the coachman who was going to drive him to a railroad station. All went inside the bank – Jimmy included.

Alla banca si trovava il cavallo di Jimmy, il calesse e il cocchiere che lo avrebbe portato alla stazione ferroviaria. Entrarono tutti in banca – incluso Jimmy.

The clerks were pleased to be greeted by the good-looking, pleasant young man who was going to marry Miss Annabel. Jimmy put his suitcase down.

Gli impiegati erano felici di essere salutati dal quel giovane uomo di bell'aspetto e dai modi piacevoli che stava per sposare la Signorina Annabel. Jimmy appoggiò a terra la valigia.

Annabel whose heart was beating with happiness and youth, put on Jimmy's hat, and picked up the suitcase.

Annabel, che aveva il cuore che batteva di felicità e gioventù, indossò il cappello di Jimmy, e prese la valigia.

"Don't I look nice?" said Annabel. "Oh, my, Ralph, how heavy it is! It weighs as much as if it were full of gold bricks."

"Non sono carina?" disse Annabel. "Oh, mio caro Ralph, ma quanto è pesante. Pesa come se fosse piena di lingotti d'oro."

"There are a lot of nickel shoehorns there," said Jimmy coolly, "that I'm going to return. I decided to take them myself so that to avoid unnecessary expenses. I'm getting awfully economical."

"Ci sono molte calzascarpe in nichel qui," disse Jimmy freddamente, "che devo ritornare. Ho deciso di farmeli da solo per evitare delle spese inutili. Sto diventando terribilmente economico."

The Elmore Bank had just put in a new safe and vault. Mr. Adams was very proud of the vault and insisted that everyone should take a look at it. The vault was a small one, but it had a new modern door.

La Elmore Bank aveva appena installato una nuova cassaforte e una camera blindata. Il Signor Adams era molto fiero della camera blindata e insistette che tutti gli dessero un'occhiata. La camera blindata era piccola, ma aveva una porta nuova e moderna.

It fastened with three steel bolts and had a security system to open it at predetermined hours. Mr. Adams enthusiastically explained how it works to Mr. Spencer, who, however, didn't seem to take a great interest in it.

Era fissata con tre bulloni di acciaio e aveva un sistema di sicurezza per aprirla a ore prestabilite. Il Signor Adams spiegò con entusiasmo al Signor Spencer come funzionava, il quale, tuttavia, non sembrava mostrare grande interesse.

The two children May and Agatha, were delighted to see the shining metal and the funny clock.

Le due bambine May e Agatha, erano entusiaste nel vedere il metallo luccicante e quella divertente sveglia.

While they were thus engaged, Ben Price, the detective, walked into the bank and leaned on his elbow, looking casually inside between the railings. He told the cashier that he didn't want anything; he was just waiting for a man he knew.

Mentre erano così occupati, Ben Price, il detective, entrò in banca e si appoggiò sul gomito, guardando casualmente tra la ringhiera. Disse al cassiere che non voleva niente; stava solo aspettando un uomo che conosceva.

Suddenly there was a terrible scream from the women. Unseen by the elders, May, the nine-year-old girl, while playing with her sister, had shut her in the vault. The old banker grabbed the handle and tugged at it for a moment.

Improvvisamente, si sentì un terribile urlo dalle donne. Non vista dagli adulti, May, la bambina di nove anni, mentre giocava con la sorella, si chiuse nella camera blindata. Il vecchio banchiere afferrò la maniglia e per un momento provò a tirarla.

"The door can't be opened," he cried out. "The clock has not been wound."

Agatha's mother screamed again, hysterically.

"La porta non può essere aperta," urlò. "La sveglia non è stata caricata."

La madre di Agatha urlò ancora, istericamente.

"Hush!" said Mr. Adams, raising his trembling hand. "All be quiet for a moment. Agatha!" he called as loudly as he could. "Listen to me…" During the following silence they could hear the faint sound of the child crying in the dark vault.

"Silenzio!" disse il Signor Adams, alzando la mano tremante. "Fate silenzio per un momento. Agatha!" chiamò più forte che poté. "Ascoltami… "Nell'attimo di silenzio udirono il debole suono della bambina che piangeva nella buia camera blindata.

"My darling!" cried the mother. "She will die of fright! Open the door! Oh, break it open! Can't you men do something?"

"Tesoro mio!" urlò la madre. "Morirà di spavento! Aprite la porta! Oh, scassatela! Voi uomini non potete fare qualcosa?"

"There isn't a man nearer than Little Rock who can open that door," said Mr. Adams in a trembling voice.

"Non c'è alcun uomo fino a Little Rock che sia in grado di aprire questa porta," disse il Signor Adams con voce tremante.

"My God! Spencer, what shall we do? That child – she can't stand it long in there. There isn't enough air, and, besides she'll go mad from fright."

"Oh, Santo Cielo! Spencer, cosa possiamo fare? Quella bambina – non può rimanere là dentro a lungo. Non c'è abbastanza ossigeno, e inoltre, impazzirà dalla paura."

Agatha's mother beat the door of the vault wildly with her hands. Somebody suggested dynamite.

La madre di Agatha si mise a battere selvaggiamente con le mani sulla porta della camera blindata. Qualcuno suggerì la dinamite.

Annabel turned to Jimmy, her large eyes full of horror, but not yet despairing. To a woman nothing seems impossible to the powers of the man she loves.

Annabel si rivolse a Jimmy, i suoi grandi occhi pieni di orrore, ma non ancora disperati. Per una donna, nulla sembra essere impossibile dall'uomo che ama.

"Can't you do something, Ralph – try, won't you?" He looked at her with a strange, soft smile on his lips and in his eyes.

"Annabel," he said, "give me that rose you are wearing, will you?"

"Non puoi fare qualcosa, Ralph – proverai, vero?" Lui la guardò con uno strano, dolce sorriso sulle labbra e negli occhi.

"Annabel," disse lui, "dammi quella rosa che hai addosso, va bene?"

Hardly believing that she heard him correctly she unpinned the flower from her dress, and gave it to Jimmy.

Incredula di aver capito correttamente cosa gli aveva chiesto, sganciò il fiore dal suo vestito e lo diede a Jimmy.

He put it into his vest-pocket, threw off his coat and pulled his shirt sleeves. With that act Ralph D. Spencer passed away and Jimmy Valentine took his place.

Lo mise nella tasca del suo gilet, si tolse il cappotto e tirò su le maniche della camicia. Con questo atto, Ralph D. Spencer sparì e Jimmy Valentine prese il suo posto.

"Get away from the door, all of you," he commanded, shortly.

He put his suitcase on the table and opened it. From that moment on he seemed to be unaware of the presence of anyone else.

"Allontanatevi dalla porta, tutti," ordinò bruscamente.

Mise la sua valigia sopra al tavolo e la aprì. Da quel momento in poi, sembrava inconsapevole della presenza degli altri.

He took out strange instruments quickly and orderly, whistling to himself as he always did when he was at work. In the deep silence the others watched him dumbfounded.

Tirò fuori rapidamente e con cura strani strumenti, fischiettando tra sé come faceva sempre quando lavorava. Nel profondo silenzio gli altri lo osservarono a bocca aperta.

In ten minutes – breaking his own burglarious record – he opened the door. Agatha's mother rushed into the vault and took the child, who was very weak, but safe.

In dieci minuti – battendo il suo stesso record di scassi – aprì la porta. La madre di Agatha si precipitò nella camera blindata e prese la bambina, che era molto debole ma salva.

Jimmy Valentine put on his coat and walked towards the front door. As he went, it seemed to him he heard a voice that he once knew call "Ralph". But he didn't stop for an instant.

Jimmy Valentine si rimise il cappotto e camminò verso la porta principale. Mentre se ne andava gli sembrò di sentire una voce che una volta conosceva, chiamare "Ralph". Ma non si fermò nemmeno un istante.

At the door a big man stood in his way.

"Hello, Ben!" said Jimmy, still with his strange smile. "At last you're here, are you? Well, let's go. I don't think it matters much now."

Alla porta un grosso uomo gli bloccò la strada.

"Ciao Ben!" disse Jimmy, ancora con il suo strano sorriso. "Finalmente sei qui, vero? Bene, andiamo. Credo non abbia molta importanza ora."

And then Ben Price acted rather strangely.

"I guess, you're mistaken, Mr. Spencer," he said, "I don't believe I recognize you. Your buggy's waiting for you, isn't it?"

Poi, Ben Price si comportò in modo strano.

"Penso che lei si stia sbagliando, Signor Spencer," disse lui, "Non mi sembra di riconoscerla. Il suo calesse la sta aspettando, vero?"

And Ben Price turned and walked down the street.

E Ben Price si girò e camminò giù per la strada.

Key Vocabulary:

47

- *negozio* s.m. [ne-gò-zio] – shop, store.
- *consegnare* v.tr. [con-se-gnà-re] – to hand over; to deliver.
- *indulto* s.m. [in-dùl-to] – pardon.
- *firmare* v.tr. [fir-mà-re] – to sign.
- *mostrare* v.tr. [mo-strà-re] – to show, to display.
  ~si v.rf. – to show oneself.
- *emozionare* v.tr. [e-mo-zio-nà-re] – to excite.
  ~to agg. – excited.
- *condannare* v.tr. [con-dan-nà-re] – to condemn; to sentence.
  ~to agg. – condemned, sentenced.
- *scassinare* v.tr. [scas-si-nà-re] – to break open; to pick (a lock).
- *riportare* v.tr. [ri-por-tà-re] – to bring again; to take back.
- *indossare* v.tr. [in-dos-sà-re] – to wear.
- *un abito della taglia sbagliata* – (lit.) a suit of the wrong size.
- *ferrovia* s.f. [fer-ro-vì-a] – railroad, railway.
  ~rio agg. – railroad, railway (attributive).
- *stringere* v.tr. [strìn-ge-re] – to tighten; to squeeze.
  ~ la mano a qualcuno – to shake hands with someone.
- *grazia* s.f. [grà-zia] – grace; pardon, mercy.
- *prestare* v.tr. [pre-stà-re] – to lend, to loan.
  ~ ascolto a | ~ attenzione a – (lit.) to *lend an ear* (listen) to |
  to *lend* (pay) attention to.
- *immediatamente* avv. [im-me-dia-ta-mén-te] – immediately.
- *presso* avv. [près-so] – near; next to, by.
- *salire* v.intr. [sa-lì-re] – to climb up; to go up; to rise.
  ~ in treno | autobus – to get on the train | bus.
- *natale* agg. [na-tà-le] – native.
  Natale s.m. – Christmas.
- *paese* s.m. [pa-é-se] – 1. country, state; 2. (small) town; village.
- *parecchio* agg. [pa-réc-chio] – a lot of; several.
- *noto* agg. [nò-to] – well-known.
- *rimuovere* v.tr. [ri-muò-ve-re] – to remove, to move.

48

- **strumento** *s.m.* [stru-mén-to] – instrument, tool.
- **comprendere** *v.tr.* [com-prèn-de-re] – 1. to comprise, to include.
  2. to understand, to comprehend.
- **deliziare** *v.tr.* [de-li-zià-re] – to delight.
- **scoppiare** *v.intr.* [scop-pià-re] – to burst, to explode.
- **titolo** *s.m.* [tì-to-lo] – title, headline; stock, security.
- **ammontare** *v.tr.* [am-mon-tà-re] – to pile up; to amount (to).
- **qualsiasi** *agg.* [qual-sì-a-si] – any; whichever, whatever.
- **riprendere** *v.tr.* [ri-prèn-de-re] – to take again; to resume.
- **sorprendere** *v.tr.* [sor-prèn-de-re] – to surprise, to amaze.
  ~**nte** *agg.* [sor-pren-dèn-te] – surprising, amazing, striking.
- **uscire** *v.intr.* [u-scì-re] – to get out, to come out; to exit.
- **appena** *avv.* [ap-pé-na] – just, just now; barely, scarcely.
- **abbassare** *v.tr.* [ab-bas-sà-re] – to lower.
- **arrossire** *v.intr.* [ar-ros-sì-re] – to blush.
- **scarseggiare** *v.intr.* [scar-seg-già-re] – to be scarce.
- **qualche** *agg.* [quàl-che] – some, a few.
  ~ **centesimo** – a few cents.
- **fingere** *v.tr.* [fìn-ge-re] – to pretend, to feign.
- **proseguire** *v.tr.* [pro-se-guì-re] – to continue; to go on.
- **astutamente** *avv.* [a-stu-ta-mén-te] – astutely, shrewdly.
- **appoggiare** *v.tr.* [ap-pog-già-re] – to lean (on); to lay/put (down).
- **dichiarare** *v.tr.* [di-chia-rà-re] – to declare, to state.
- **attività** *s.f.* [at-ti-vi-tà] – activity; business.
- **valere la pena** – to be worth the effort (to be worth it).
- **augurare** *v.tr.* [au-gu-rà-re] – to wish; to hope.
- **abitante** *s.m.|f.* [a-bi-tàn-te] – resident; inhabitant.
  ~**i della città** – townspeople, inhabitants.
- **sé** – himself, herself, itself; themselves.
  lui pensa solo a sé – he only thinks of himself.
  da sé – (by) oneself.
- **soddisfare** *v.tr.* [sod-di-sfà-re] – to satisfy; to fulfill.
- **prosperare** *v.intr.* [pro-spe-rà-re] – to prosper, to thrive.
- **uguagliare** *v.tr.* [u-gua-glià-re] – to equal, to match.
- **dono** *s.m.* [dó-no] – gift, present.

- *tale* agg. [tà-le] – such; certain, someone.
- *rinunciare* v.intr. [ri-nun-cià-re] – to renounce; to give up (sth).
- *correre un rischio* – to take a chance; to be in danger.
- *finché* cong. [fin-ché] – until.
- *scoprire* v.tr. [sco-prì-re] – to uncover; to find out.
- *soggiornare* v.intr. [sog-gior-nà-re] – to stay, to sojourn.
- *dare un'occhiata* – to take a look; to glance.
- *bullone* s.m. [bul-ló-ne] – bolt.
- *prestabilire* v.tr. [pre-sta-bi-lì-re] – to prearrange, to predetermine.
- *spiegare* v.tr. [spie-gà-re] – to explain; to unfold.
- *afferrare* v.tr. [af-fer-rà-re] – to grab; to grasp.
- *caricare* v.tr. [ca-ri-cà-re] – to load (up); to charge, to wind.
- *morire* v.intr. [mo-rì-re] – to die.
- *grado* s.m. [grà-do] – degree, grade, level.
  essere in grado – to be able to.
- *impazzire* v.intr. [im-paz-zì-re] – to go crazy, to go mad.
- *incredulo* agg. [in-crè-du-lo] – incredulous, disbelieving.
- *sganciare* v.tr. [sgan-cià-re] – to unhook, to unfasten.
- *gilè* s.m. [gi-lè] – waistcoat; vest.
- *allontanare* v.tr. [al-lon-ta-nà-re] – to move away.
- *consapevole* agg. [con-sa-pé-vo-le] – aware (of); conscious. *in~* – unaware.
- *precipitare* v.intr. [pre-ci-pi-tà-re] – to precipitate, to rush.
- *riconoscere* v.tr. [ri-co-nó-sce-re] – to recognize.

4. Art for heart's sake *(after R. Goldberg)* / Arte per il bene del cuore

Mr. Smith was sitting in his library room reading the newspaper. There was a knock at the door and his servant Koppel came in.

Il Signor Smith era seduto nella sua biblioteca e stava leggendo il giornale. Qualcuno bussò alla porta e Koppel il suo servitore entrò.

"Will you take your orange juice, sir?" the servant said gently to his master. "No," answered Mr. Smith.

"Desidera un succo d'arancia, signore?" disse gentilmente il servitore al suo padrone. "No," rispose il Signor Smith.

"But it's good for you, sir. It's the doctor's orders."

"No."

"Ma le farà bene, signore. Sono gli ordini del medico."

"No."

Koppel heard the front door bell and was glad to leave the room. He found the doctor in the hall downstairs.

Koppel sentì suonare il campanello della porta e fu contento di lasciare la stanza. Nell'atrio al piano di sotto trovò il dottore.

"I can't do anything with the old man," he said to the doctor. "He doesn't want to take his juice. He doesn't want me to read to him. He hates the radio. He doesn't like anything."

"Non posso fare niente con il vecchio," disse al dottore. "Non vuole bere il suo succo. Non vuole che gli legga qualcosa. Odia la radio. Non gli piace niente."

Doctor Jones received the information with his usual professional calm. He had thought a lot about his patient since his last visit. This was not an ordinary case.

Il Dottor Jones prese l'informazione con la sua solita calma professionale. Aveva pensato molto al suo paziente dalla sua ultima visita. Questo non era un caso ordinario.

The old gentleman was in rather good shape for a man of seventy six. But something had to be done with him. He needs to be kept from buying things. The fact is that the old man suffered considerably from his purchases.

Il vecchio signore era piuttosto in buona forma per un uomo di settantasei anni. Ma si doveva fare qualcosa con lui. Era necessario trattenerlo dal fare acquisti. Il fatto era che il vecchio soffriva notevolmente per i suoi acquisti.

His latest heart attack happened after his disastrous purchase of a railroad in one of the Western States. Another attack was the result of the bankruptcy of some grocery shops, which he had bought at a very high price.

Il suo ultimo attacco di cuore avvenne dopo il disastroso acquisto di una ferrovia in uno degli Stati Occidentali. Un altro attacco era il risultato della bancarotta di alcuni negozi di generi alimentari, acquistati ad un prezzo molto alto.

All of these purchases had to be liquidated at a great sacrifice both to his health and to his pocketbook.

Tutti questi acquisti dovevano essere liquidati con grande sacrificio sia per la sua salute che per il portafoglio.

The doctor once again reflected on all this before he entered his patient's room. He approached Mr. Smith smiling.

Il dottore ragionò su tutto questo ancora una volta prima di entrare nella stanza del suo paziente. Si avvicinò al Signor Smith sorridente.

"Well, how's the young man today?"

"Umph," came from the figure in the armchair.

"I hear you don't obey orders," went on the doctor.

"Who can give me orders at my age?"

"Bene, come sta oggi questo giovane uomo?"

"Umph," udì dalla figura seduta nella poltrona.

"Mi hanno detto che non obbedisce agli ordini," continuò il dottore.

"Chi può darmi ordini alla mia età?"

The doctor took a chair and sat down close to the old man. "I have a proposition for you," he said quietly.

Il dottore prese una sedia e si sedette vicino al vecchio. "Ho una proposta da farle," disse con calma.

The old man looked at him suspiciously over his glasses.

"What is it? More medicine, more automobile rides, more nonsense to keep me away from business?"

Il vecchio lo guardò con sospetto sopra gli occhiali.

"Cos'è questo? Altre medicine, altri giri in automobile, altre sciocchezze per tenermi lontano dagli affari?"

"How would you like to study art?"

"Nonsense."

"I don't mean seriously, just for fun."

"Nonsense."

"Le piacerebbe studiare arte?"

"Sciocchezze."

"Non intendo seriamente, solo per divertimento."

"Sciocchezze."

"All right," the doctor stood up. "It was just a suggestion, that's all."

"Where did you get this crazy idea?"

"Well, it's only a suggestion."

"But, Jones, how can I start, that is, if I am foolish enough to do it?"

"Va bene," il dottore si alzò in piedi. "Era solo un suggerimento, ecco tutto."

"Come gli è venuta in mente questa pazza idea?"

"Beh, è solo un suggerimento."

"Ma, Jones, come posso iniziare, cioè, sono abbastanza folle per farlo?"

"I've thought of that too. I can get a student from one of the art schools. He would come here once a week and give you lessons. If you don't like it after a little while, you can send him away."

"Ho pensato anche a questo. Posso trovare uno studente da una delle scuole d'arte. Verrebbe qui una volta alla settimana a darle lezioni. Se dopo un po' di tempo non le piace, potrà mandarlo via."

Doctor Jones went to his friend, the director of an Art Institute, and explained the situation. The director found a suitable person - a young man of eighteen named Frank Swain, who was a gifted student. He needed the money. He was working as a bell-boy at night to pay for his studies at the Institute.

Il Dottor Jones andò dal suo amico, il direttore di un Istituto d'Arte, e gli spiegò la situazione. Il direttore trovò una persona adatta – un giovane di diciotto anni di nome Frank Swain, uno

studente dotato. Aveva bisogno di quel denaro. Lavorava di notte
come fattorino per pagarsi gli studi all'Istituto.

The young man was introduced to the doctor. You may
imagine how delighted he was when he heard the doctor's offer. Five
dollars a lesson! Fine!

Il giovane, venne presentato al dottore. Potete immaginare
la sua felicità quando udì l'offerta del dottore. Cinque dollari a
lezione! Bene!

The next afternoon Frank came to Mr. Smith's study. The old
man looked at him suspiciously.

Il pomeriggio seguente Frank andò allo studio del Signor
Smith. Il vecchio lo guardò con sospetto.

"Sir, I am not an artist yet," said the young man. The old man
murmured something.

"Signore, non sono ancora un artista," disse il giovane. Il
vecchio mormorò qualcosa.

Frank arranged some paper and pencils on the table. "Let's
try to draw that vase over there," he suggested. "Umph." The old
man took a pencil and made a scrawl.

Frank preparò della carta e delle matite sopra al tavolo.
"Proviamo a disegnare quel vaso laggiù," suggerì. "Umph." Il
vecchio prese una matita e fece uno scarabocchio.

He made another scrawl and connected them with a couple of
lines. Then he looked at the result with satisfaction.

Fece un altro scarabocchio e li unì con un paio di linee. Poi
guardò il risultato con soddisfazione.

Frank was patient. He needed the five dollars.

Frank era paziente. Aveva bisogno di quei cinque dollari.

"If you want to draw something you'll have to look at what you are drawing, sir.

Will you look at the vase again?" Frank said gently.

"Se vuole disegnare qualcosa deve guardare a cosa sta disegnando, signore.

Vuole riguardare il vaso un'altra volta?" disse Frank gentilmente.

The old man obeyed. Then he said: "The vase is really quite pretty. I never noticed it before."

Il vecchio obbedì. Poi disse: "Quel vaso è piuttosto carino. Non lo avevo mai notato prima."

At that moment the servant came in bringing a glass of juice for his master.

"Oh, it's orange juice again," said Mr. Smith. Frank left.

In quel momento entrò il servitore portando un bicchiere di succo per il suo padrone.

"Oh, ancora succo d'arancia," disse il Signor Smith. Frank se ne andò.

When he came the following week there was a drawing on the table that had a slight resemblance to the vase.

Quando ritornò la settimana seguente, trovò un disegno sul tavolo che aveva una certa somiglianza con il vaso.

The old man asked him: "Well, what do you think of it?"

"Not bad, sir," answered Frank. "But it's a little crooked."

Il vecchio gli chiese: "Beh, che ne pensi di questo?"

"Non male, signore," rispose Frank. "Ma è un po' storto."

"I see. The halves do not match," the old man agreed. He added a few lines and colored the open spaces with a blue pencil.

"Capisco. Le due metà non coincidono," il vecchio era d'accordo. Aggiunse alcune linee e colorò lo spazio aperto con una matita blu.

Then he looked towards the door. "Listen, young man," he whispered, "I want to ask you something before old 'orange juice' comes back."

Poi guardò verso la porta. "Ascolta, ragazzo, "sussurrò, "Voglio chiederti una cosa prima che il vecchio "succo d'arancia" ritorni.

"Yes, sir," replied Frank respectfully."

"Could you come twice a week or perhaps three times?"

"Sì, signore," rispose Frank con rispetto."

"Potresti venire due volte alla settimana o magari tre volte?"

"Surely, Mr. Smith."

"Good. Let's make it Monday, Wednesday and Friday. Four o'clock."

"Certamente, Signor Smith."

"Bene. Facciamo lunedì, mercoledì e venerdì. Alle ore quattro."

The servant entered the room and was surprised to see that this time his master was willing to take his juice.

Il servitore entrò nella stanza e fu sorpreso nel vedere che questa volta il suo padrone era disposto a prendere il succo.

As weeks went by Frank's visits became more frequent. Now when the doctor came to see Mr. Smith, the old man was talking a lot about art. He also proudly demonstrated the stains of paint on his heavy silk dressing gown.

Mentre passavano le settimane, le visite di Frank diventavano sempre più frequenti. Ora, quando il dottore veniva a visitare il Signor Smith, il vecchio parlava molto di arte. Mostrava anche con orgoglio le macchie di pittura sulla sua vestaglia di seta pesante.

He did not allow his servant to send it to the cleaner's. The reason was that he wanted to show the doctor how hard he had been working.

Non permetteva che il suo servitore la portasse in tintoria. Il motivo era che voleva mostrare al dottore quanto si stava impegnando.

The doctor's advice appeared to be working for Mr. Smith. There were no more purchases of companies that cost a lot of money. No more crazy transactions which ruined his health. Art was a complete cure for his financial troubles.

Il consiglio del dottore sembrava funzionare con il Signor Smith. Non ci furono più acquisti di aziende che costavano un sacco di denaro. Niente più transazioni folli che rovinavano la sua salute. L'arte era una cura completa per i suoi guai finanziari.

The doctor allowed his patient to visit art galleries and exhibitions with Frank. An entirely new world opened up its mysteries. The old man seemed to take a great interest in the galleries and the painters displayed in them.

Il dottore permise al suo paziente di visitare gallerie d'arte e mostre con Frank. Un mondo completamente nuovo aprì i suoi misteri. Il vecchio sembrava mostrare un certo interesse nelle gallerie e sui pittori esposti in esse.

How were the galleries managed? Who selected the pictures for the exhibitions? An idea was forming in his brain.

Come erano gestite le gallerie? Chi selezionava i dipinti per le mostre? Un'idea gli si stava formando nel cervello.

When spring came and the trees were in bloom Mr. Smith made a picture which he called "Trees Dressed in White". The picture was awful but nevertheless the old man announced that he wanted to exhibit it in the summer show at the Lathrop Gallery.

Quando arrivò la primavera e gli alberi erano in fioritura, il Signor Smith fece un quadro che chiamò "Alberi Vestiti di Bianco." Il quadro era orribile ma tuttavia il vecchio annunciò che voleva esibirlo nella mostra estiva alla Lathrop Gallery.

The summer show at this gallery was the biggest art exhibition of the year in quality, if not in size. The lifetime dream of every artist in the United States was a Lathrop prize.

La mostra estiva in questa galleria era la più grande mostra d'arte dell'anno come qualità, se non anche in grandezza. Il sogno di una vita di qualsiasi artista negli Stati Uniti era un premio Lathrop.

And it was in this show that Mr. Smith was going to exhibit his "Trees Dressed in White," which looked like salad dressing which somebody had thrown on the wall of a house.

Ed era a questa mostra che il Signor Smith voleva esibire "Alberi Vestiti di Bianco," che sembrava a del condimento per insalata che qualcuno aveva gettato sul muro di una casa.

"If the papers write about this, Mr. Smith will become a laughing stock. We must stop him," Frank said in horror.

"Se i giornali scrivono un articolo su questo, il Signor Smith diventerà uno zimbello. Dobbiamo fermarlo," disse Frank con orrore.

"No," protested the doctor. "We can't do that now. We may spoil all the good work we have done."

"No," protestò il dottore. "Non possiamo farlo ora. Rovineremo tutto il buon lavoro fatto."

To the astonishment of all three – and especially Frank – "Trees Dressed in White" was accepted for the Lathrop Show. Not only was Mr. Smith crazy, thought Frank, but the Lathrop Gallery was crazy too.

Con sorpresa di tutti e tre – e soprattutto di Frank – "Alberi Vestiti di Bianco" fu accettato per la Mostra Lathrop. Non era soltanto il Signor Smith pazzo, pensò Frank, ma anche la Lathrop Gallery era pazza.

Fortunately, the painting was displayed in a dark corner where visitors could hardly see it. Frank came to the gallery one afternoon and blushed to the ears when he saw "Trees Dressed in White" – an ugly splash on the wall.

Fortunatamente, il dipinto venne esposto in un angolo buio dove i visitatori riuscivano a malapena a vederlo. Un pomeriggio Frank arrivò alla galleria e arrossì fino alle orecchie quando vide "Alberi Vestiti di Bianco" – un orribile spruzzo sul muro.

When two students stopped before the picture, laughing, Frank ran away in terror. He did not want to hear what these young men had to say.

Quando due studenti si fermarono davanti al quadro, ridendo, Frank scappò via terrorizzato. Non voleva sentire cosa questi due giovani avevano da dire.

During the course of the show the old man continued taking his lessons and did not talk about his picture. But every time Frank entered the room he found Mr. Smith chuckling.

Durante il corso della mostra il vecchio continuò a prendere lezioni e non parlò del suo quadro. Ma ogni volta che Frank entrava nella stanza trovava il Signor Frank che ridacchiava.

May be the old man was really crazy. And it was strange that the Lathrop committee encouraged him by accepting his picture.

Forse il vecchio era veramente pazzo. Ed era strano che la commissione di Lathrop lo avesse incoraggiato accettando il suo dipinto.

Two days before the close of the exhibition a long official looking envelope was delivered to Mr. Smith while Frank, Koppel and the doctor were in the room.

Due giorni prima della chiusura della mostra, una lunga busta dall'aspetto ufficiale fu recapitata al Signor Smith mentre Frank, Koppel e il dottore si trovavano nella stanza.

"Read it to me," asked the old man. "My eyes are tired from painting."

"Leggimela," chiese il vecchio. "I miei occhi sono stanchi dal dipingere."

"*It gives the Lathrop Gallery pleasure to announce that the First Prize of $1,000 has been awarded to Mr. Collis P. Smith for his painting 'Trees Dressed in White'".*

"È con piacere che la Lathrop Gallery annuncia che il Primo Premio di $1,000 è stato assegnato al Signor Collis P. Smith per il suo dipinto "Alberi Vestiti di Bianco."

Frank and Koppel were astonished. The doctor showing his usual professional self-control said: "Congratulations, Mr. Smith! Of course, I did not expect such great news. But, but well, now you'll have to admit that art brings much more satisfaction than business."

Frank e Koppel rimasero stupiti. Il dottore mostrando il suo solito auto controllo professionale disse: "Congratulazioni, Signor Smith! Certo, non mi aspettavo delle notizie così belle. Ma, ma – ora dovrà ammettere che l'arte dà molte più soddisfazioni rispetto agli affari."

"Art is nothing," said the old man. "I bought the Lathrop Gallery last month."

"L'arte non è niente," disse il vecchio. "Ho acquistato la Lathrop Gallery lo scorso mese."

Key Vocabulary:

- **bussare** *v.intr.* [bus-sà-re] – to knock.
- **atrio** *s.m.* [à-trio] – hall, hallway.
- **odiare** *v.tr.* [o-dià-re] – to hate, to detest.
- **trattenere** *v.tr.* [trat-te-né-re] – to hold back, to keep; to restrain.
- **avvenire** *v.intr.* [av-ve-nì-re] – to take place, to occur, to happen.
- **soffrire** *v.tr.* [sof-frì-re] – to suffer.
- **notevole** *agg.* [no-té-vo-le] – notable, considerable.
  ~**mente** *avv.* – notably, considerably.
- **acquistare** *agg.* [ac-qui-stà-re] – to acquire, to purchase.
- **portafoglio** *s.m.* [por-ta-fò-glio] – wallet, pocketbook.
- **ragionare** *v.intr.* [ra-gio-nà-re] – to reason; to think, to reflect.
- **obbedire** *v.intr.* [ob-be-dì-re] – to obey.
- **sospetto** *agg.* [so-spèt-to] – suspicious.
  s.m. – suspect; suspicion.
- **sciocchezza** *s.f.* [scioc-chéz-za] – foolishness, nonsense.
- **folle** *agg.* [fòl-le] – foolish; insane, mad.
- **cioè** *avv.* [cio-è] – that is.
- **mandare** *v.tr.* [man-dà-re] – to send.
- **dotato** *agg.* [do-tà-to] – gifted, talented; endowed.
- **presentare** *v.tr.* [pre-sen-tà-re] – to present; to introduce.
- **mormorare** *v.intr.* [mor-mo-rà-re] – to murmur; to mutter.
- **provare** *v.tr.* [pro-và-re] – to try; to test; to prove.
- **disegnare** *v.tr.* [di-se-gnà-re] – to draw; to outline; to design.
- **scarabocchio** *s.m.* [sca-ra-bòc-chio] – scribble, scrawl.
- **unire** *v.tr.* [u-nì-re] – to unite; to join, to connect.
- **piuttosto** *avv.* [piut-tò-sto] – quite, rather, somewhat.
- **storto** *agg.* [stòr-to] – twisted, crooked.

- *capire* v.tr. [ca-pì-re] – to understand.
- *coincidere* v.intr. [coin-cì-de-re] – to coincide, to match.
- *sussurrare* v.tr. [sus-sur-rà-re] – to whisper.
- *magari* inter. [ma-gà-ri] – 1. (as a response) I wish!
  "Credi di vincere alla lotteria?" – *"Magari!"* /
  "Do you think you'll win the lottery?" – *"I wish!"*
  – 2. (in a complete sentence) maybe, perhaps.
- *disposto* agg. [di-spó-sto] – willing, disposed.
- *vestaglia* s.f. [ve-stà-glia] – dressing gown.
- *permettere* v.tr. [per-mét-te-re] – to permit, to allow.
- *motivo* s.m. [mo-tì-vo] – motive, reason.
- *esposto* agg. [e-spó-sto] – exhibited, displayed.
- *mostra* s.f. [mó-stra] – show, fair, exhibition.
- *fioritura* s.f. [fio-ri-tù-ra] – blossom, bloom.
- *tuttavia* cong. [tut-ta-vì-a] – nevertheless, however, but.
- *condimento* s.m. [con-di-mén-to] – seasoning, dressing.
- *rovinare* v.tr. [ro-vi-nà-re] – to ruin; to spoil.
- *a malapena* avv. [ma-la-pé-na] – barely, scarcely, hardly.
- *scappare* v.intr. [scap-pà-re] – to escape, to run away.
- *ridacchiare* v.intr. [ri-dac-chià-re] – to chuckle, to giggle.
- *incoraggiare* v.tr. [in-co-rag-già-re] – to encourage.
- *aspetto* s.m. [a-spèt-to] – appearance, look; aspect.
- *recapitare* v.tr. [re-ca-pi-tà-re] – to deliver.
- *assegnare* v.tr. [as-se-gnà-re] – to assign; to grant.
  ~ un premio – to award a prize.
- *rispetto a* – compared with/to; with/in regard to.
- *soddisfazione* s.f. [sod-di-sfa-zió-ne] – satisfaction.

5. Friends in San Rosario *(after O. Henry)* / Amici a San Rosario

The train stopped at San Rosario at 8:20 a.m. A man with a thick, black leather bag in his hand left the train and walked rapidly up the main street of the town. He was short but strongly built, with very light hair and a determined face. He was dressed in a fashionable style.

Il treno si fermò a San Rosario alle 8:20 a.m. Un uomo con una spessa borsa di pelle nera in mano scese dal treno e si avviò a passo spedito verso la via principale del paese. Non era molto alto ma aveva una costituzione robusta, capelli molto chiari e un volto determinato. I suoi abiti avevano uno stile moderno.

After walking a short distance he came to the center of the town's business area. Upon one corner stood the post office. Upon another the big clothing store.

Dopo aver camminato per un breve tratto arrivò nel centro della zona commerciale del paese. In un angolo c'era l'ufficio postale. In un altro angolo si trovava un grande negozio di abbigliamento.

The other two opposing corners were occupied by the town's two banks – the First National and the Stockmen's National.

Gli altri due angoli opposti erano occupati dalle due banche del paese – la First National e la Stockmen's National.

The newcomer quickly entered the First National and stopped at the cashier's window. The bank opened for business at nine, but the clerks have already come and each man was preparing his department for the workday.

Il nuovo arrivato entrò spedito nella First National e si fermò davanti allo sportello del cassiere. La banca apriva alla clientela alle nove, ma gli impiegati erano già al loro posto e ogni

64

uomo stava sistemando il suo reparto per iniziare la sua giornata di lavoro.

The cashier, Mr. Edlinger, was checking the mail when he noticed the stranger standing at his counter.

Il cassiere, Signor Edlinger, stava controllando la posta quando notò lo straniero in piedi davanti allo suo sportello del cassiere.

"The bank does not open until nine," he said.

"I know about that," said the other man in a cool tone. "Will you kindly take my business card?"

"La banca non apre fino alle nove," disse lui.

"Sì, lo sapevo," disse l'altro uomo con una certa freddezza. "Volete gentilmente accettare il mio biglietto da visita?"

The cashier took the card and read:

I. F. C. Nettlewick, National Bank Examiner

Il cassiere prese il biglietto e lesse:

I. F. C. Nettlewick, Esaminatore della Banca Nazionale

"Oh – er – will you come inside, Mr. – er – Nettlewick," he stammered, "you see it's your first visit. Well, of course... I didn't know you... Come in, please."

"Oh – er – la prego, entri, Signor – er – Nettlewick," balbettò, "vede, è la sua prima visita. Beh, certamente ... Non la conoscevo ... Entri, prego."

The examiner quickly entered the room, where he was introduced to each employee by Mr. Edlinger.

L'esaminatore entrò di fretta nella stanza, dove fu introdotto a ogni dipendente dal Signor Edlinger.

"I was expecting Sam Turner soon," said Mr. Edlinger. "Sam has been examining us for about four years. I suppose you'll find us in good condition, considering the current depression in business."

"Stavo aspettando l'arrivo Sam Turner tra poco," disse il Signor Edlinger. "Sono circa quattro anni che Sam ci esamina. Suppongo che ci troverete in buone condizioni, considerando la recessione attuale nel mondo degli affari."

"Mr. Turner and I have been ordered to exchange districts," said the examiner in a formal tone. "He will examine the banks in Illinois and Indiana now. Well, I will check the cash first, please."

"Il Signor Turner ed io abbiamo avuto l'ordine di scambiarci i quartieri," disse l'esaminatore in tono formale. "Lui esaminerà le banche di Illinois e Indiana ora. Beh, come inizio io controllerò il denaro contante, per favore."

The assistant cashier was already arranging the cash on the counter for the examiner's inspection. He knew it was all there up to a cent, and he had nothing to fear, but he still was nervous.

L'assistente cassiere stava già sistemando il denaro contante sullo sportello per l'ispezione dell'esaminatore. Sapeva che non mancava neanche un centesimo, e che non aveva nulla da temere, ma si sentiva ugualmente nervoso.

And so was every man in the bank. There was something so icy and unpleasant about this man that his very presence frightened everybody. He seemed to be a person who would never make or overlook an error.

E così era per tutti gli altri uomini nella banca. C'era qualcosa di così freddo e sgradevole in quest'uomo che la sua sola presenza spaventava tutti. Sembrava una di quelle persone che non avrebbe mai fatto o trascurato alcun errore.

Mr. Nettlewick first took the bills and with a rapid movement counted all the packages. Then he checked the bills in each package.

He counted every nickel and dime. He carefully weighed every sack of silver.

Il Signor Nettlewick prese per prima le banconote e con un rapido movimento contò tutti i pacchetti. Poi controllò tutte le banconote in ogni pacchetto. Contò ogni spicciolo. Pesò attentamente ogni sacco di argento.

This new examiner was so different from Sam Turner. Sam would enter the bank with a cheerful greeting, smoke a cigar, and tell the latest stories he had heard. His way of counting the cash was different too.

Questo nuovo esaminatore era così diverso da Sam Turner. Sam entrava in banca con un allegro saluto, fumava un sigaro e raccontava le ultime storie di cui era venuto a conoscenza. Anche il suo modo di contare il denaro contante era diverso.

He would just put the fingers on the packages of bills and look at a few sacks of silver and everything was done. Nickels and dimes? Not for Sam Turner. But Turner was a Texan, an old friend of the bank's president, and had known the cashier since he was a baby.

Lui metteva solo le dita sui pacchetti di banconote e controllava alcuni sacchi di argento e aveva terminato. Spicciolo? Non per Sam Turner. Ma Turner era un Texano, un vecchio amico del presidente di banca, e conosceva il cassiere da quando era un bambino.

While the new examiner was counting the cash, Major Thomas B. Kingman – known to everyone as "Major Tom" – the president of the First National, drove up to the bank and came inside.

Mentre il nuovo esaminatore contava il denaro contante, il Maggiore Thomas B. Kingman – conosciuto da tutti come "Maggiore Tom" – il presidente della First National, arrivò con la sua auto davanti alla banca ed entrò.

He saw the examiner counting the money, went into the little room where his desk was, and began to look through his letters.

Vide l'esaminatore contare il denaro e, entrò nella piccola stanza dove si trovava la sua scrivania, ed iniziò a controllare le sue lettere.

Before his arrival, a little incident has occurred which escaped the sharp eyes of the examiner. When examiner had begun his work the cashier has winked at the office boy and nodded his head towards the front door.

Prima del suo arrivo, era accaduto un piccolo incidente, che sfuggito allo sguardo attento dell'esaminatore. Quando esaminatore iniziò il suo lavoro il cassiere aveva fatto l'occhiolino al fattorino e annuì con la testa verso la porta principale.

The boy understood, took his hat and walked out of the bank. He went straight to the Stockmen's National. That bank was also getting ready to open.

Il ragazzo aveva capito, prese i suo cappello e uscì dalla banca. Si diresse direttamente alla Stockmen's National. Anche quella banca si stava preparando all'apertura.

"Listen," he said approaching some of the clerks. "There's a new examiner at our bank. He's very precise and is counting all the nickels. Mr. Edlinger wanted me to let you know."

"Ascolta," disse avvicinandosi ad alcuni impiegati. "C'è un nuovo esaminatore alla nostra banca. È molto preciso e sta contando tutte le monete. Il Signor Edlinger voleva che vi avvertissi."

Mr. Buckley, president of the Stockmen's National – a stout, elderly man, looking like a farmer dressed for Sunday – heard the boy from his private office and called him.

Il Signor Buckley, presidente della Stockmen's National – un uomo anziano e corpulento, che sembrava un contadino vestito bene per la domenica – sentì il ragazzo dal suo ufficio privato e lo chiamò.

"Has Major Kingman come to the bank yet?" he asked the boy.

"Yes, sir, he was just driving up as I left."

"I want you to take him a note. Put it into his own hands."

"Il Signor Kingman è già arrivato in banca?" chiese al ragazzo.

"Sì, signore, era appena arrivato con la sua auto mentre stavo uscendo."

"Voglio che gli porti una nota. Mettila direttamente nelle sue mani."

Mr. Buckley sat down and began to write. The office boy returned and handed to Major Kingman the envelope containing the note. The major read it, folded it, and put it into his pocket.

Il Signor Buckley si sedette e iniziò a scrivere. Il fattorino ritornò e consegnò al Maggiore Kingman la busta contenente la nota. Il maggiore lo lesse, lo piegò, e se lo mise in tasca.

He leaned back in his chair for a few moments deep in thought and then rose and went into the vault. He opened the safe and took out the packages of discounted bills with related securities. He put the documents on the desk and began to sort them out.

Si appoggiò allo schienale della sedia per qualche istante immerso nei suoi pensieri e poi si alzò ed entrò nella camera blindata. Aprì la cassaforte e prese i pacchetti di cambiali scontate con i titoli collegati. Mise i documenti sulla scrivania e iniziò a riordinarli.

By this time Nettlewick had finished counting cash. He opened his black notebook, wrote down a few figures in it and looked at the assistant cashier. That look seemed to say: "You are safe this time but..."

A questo punto Nettlewick finì il conteggio del contante. Aprì il suo taccuino nero e vi scrisse alcune cifre, poi guardò l'assistente cassiere. Quello sguardo sembrava voler dire: "Per questa volta sei salvo ma ..."

"Cash all correct," he said.

Then he went up to the bookkeeper and for a few minutes examined the ledger.

"Il contante è esatto," disse.

Poi andò dal contabile e per alcuni minuti esaminò il registro dei movimenti contabili.

"How often do you balance your account books?" he demanded suddenly.

"Er – once a month," answered the frightened bookkeeper wondering how many years of prison they would give him.

"Con quale frequenza esegui il bilancio dei libri contabili?" chiese improvvisamente.

"Er – una volta al mese," rispose spaventato il contabile pensando a quanti anni di prigione gli avrebbero dato.

"All right," said the examiner, turned around and went straight to the chief accountant. Everything there was in order. Then came the cashier's turn, and Mr. Edlinger rubbed his nose and cleaned his glasses nervously while responding to the examiner's questions concerning the state of affairs at the bank.

"Va bene," disse l'esaminatore, si girò e andò direttamente al ragioniere capo. Qui tutto era in ordine. Poi venne il turno del cassiere, e il Signor Edlinger si strofinò il naso e si pulì gli occhiali nervosamente mentre rispondeva alle domande dell'esaminatore riguardanti lo stato degli affari della banca.

Then Nettlewick noticed a big man standing near him – a man of about sixty years of age, with a beard, a mass of grey hair, and a pair of penetrating blue eyes.

Poi Nettlewick notò un uomo grande in piedi accanto a lui – un uomo di circa sessant'anni, con la barba, una massa di capelli grigi, e un paio di occhi azzurri penetranti.

"Er – Major Kingman, our president – er – Mr. Nettlewick," said the cashier.

"Er – Maggiore Kingman, il nostro presidente – er – il Signor Nettlewick," disse il cassiere.

Two men of very different types shook hands. One was cold and formal. The other was friendly, open and closer to nature. Tom Kingman had been a cowboy, soldier, sheriff and cattleman. Now, when he was bank president, his old comrades found no change in him.

Due uomini dall'aspetto molto diverso si strinsero la mano. Uno era freddo e formale. L'altro era cordiale, aperto e più vicino alla natura. Tom Kingman fu un cowboy, un soldato, uno sceriffo e un allevatore di bestiame. Ora, che era presidente di una banca, i suoi vecchi compagni non notavano alcun cambiamento in lui.

He had made his fortune when the price of Texas cattle was high and he had organized the First National Bank of San Rosario.

Aveva costruito la sua fortuna quando il prezzo del bestiame in Texas era alto e aveva organizzato la First National Bank di San Rosario.

Despite his kindness and sometimes unwise generosity towards his old friends, the bank has prospered, because Tom Kingman knew men as well as he knew cattle.

Nonostante la sua gentilezza e a volte la sua generosità imprudenta verso i suoi vecchi amici, la banca prosperò, perché Tom Kingman conosceva gli uomini come pure il suo bestiame.

In the latest years the cattle business suffered from a depression and the major's bank was one of the few which did not have big losses.

Negli ultimi anni, il mercato del bestiame subì una recessione e la banca del maggiore era una delle poche che non aveva grandi perdite.

"And now," said the examiner rapidly, taking his watch out of the pocket, "the last thing is the loans. We'll check them, if you please."

"E ora," disse in modo spiccio l'esaminatore, prendendo il suo orologio dalla tasca, "l'ultima cosa sono i prestiti. Li controlleremo, se non vi dispiace."

He had examined the First National at almost record breaking speed – but thoroughly, as he did everything. The order that has existed in the bank had helped his work.

Aveva esaminato la First National ad una velocità quasi da record – ma accuratamente, come faceva tutte le cose. L'ordine che aveva trovato nella banca aveva aiutato il suo lavoro.

There was one other bank in the town. Mr. Nettlewick received from the Government twenty five dollars for each bank that he examined.

C'era un'altra banca in paese. Il Signor Nettlewick riceveva dal Governo venti cinque dollari per ogni banca esaminata.

He would probably be able to check those loans in half an hour. In such case, he could examine the other bank immediately after, and catch the 11:45 train, the only train that day that could take him to the next bank he had to examine.

Sarebbe probabilmente riuscito a controllare quei prestiti in mezz'ora. In tal caso, avrebbe potuto esaminare l'altra banca subito dopo e prendere il treno delle 11:45, l'unico treno che quel giorno poteva portarlo alla prossima banca da esaminare.

Otherwise he would have to spend the night and Sunday in this uninteresting Western town. That was why the examiner was in a hurry.

In caso contrario, sarebbe stato costretto a trascorrere la notte e la domenica in questa città del West poco interessante. Questo era il motivo per cui l'esaminatore aveva fretta.

Come with me, sir," said Major Kingman in his deep voice. "We'll look through them together. Nobody in the bank knows those loans as I do." The two men sat down at the president's desk.

Venga con me, signore," disse il Maggiore Kingman con la sua voce profonda. "Li controlleremo insieme. Nessuno in questa banca conosce quei prestiti meglio di me." I due uomini si sedettero alla scrivania del presidente.

First the examiner went through the loans at the lightning speed, and added up their total. It matched with the amount of loans indicated in the ledgers. Then he took the larger loans.

In primo luogo, l'esaminatore controllò i prestiti alla velocità della luce, e sommò il loro totale. Esso combaciava con il totale dei prestiti indicati nei libri contabili. Poi prese i prestiti più consistenti.

While examining the papers he looked like a bloodhound seeking a trail. Finally he put aside all the notes except a few which he arranged in a neat pile before him, and began a formal little speech.

Mentre esaminava i documenti sembrava un segugio in cerca di una traccia. Finalmente mise da parte tutte le cambiali ad eccezione di alcune che sistemò in una pila ordinata davanti a sé, e iniziò un breve discorso formale.

"I find, sir, that the condition of your bank is very good, considering the poor crops and the depression in the cattle business of your state. The work seems to be done accurately. And now, there is one more thing, and then I'm done with the bank.

"Trovo, signore, che le condizioni della sua banca siano molto buone, considerando i scarsi raccolti e la recessione nel mercato del bestiame del vostro stato. Il lavoro sembra eseguito in modo accurato. E ora, c'è un'altra cosa, e poi ho finito con la banca.

Here are six loans amounting to $40,000. They are secured by various stocks, bonds etc. to the value of $70,000. Those securities are missing. I suppose you have them in your safe. Will you allow me to examine them?"

Qui abbiamo sei prestiti che ammontano a $40,000. Sono garantiti da varie titoli, obbligazioni ecc. per un valore di $70,000. Tali titoli mancano. Suppongo che li tiene nella sua cassaforte. Mi permette di esaminarli?"

Major Tom's light blue eyes turned toward the examiner. "No, sir," he said in a low but steady tone, "those securities are not in the safe. I have taken them. You may hold me personally responsible for their absence."

I chiari occhi azzurri del Maggiore Tom si voltarono verso l'esaminatore. "No, signore," disse lui con tono basso ma stabile, "quei titoli non si trovano nella cassaforte. Li ho presi io. Mi può ritenere personalmente responsabile della loro assenza."

Nettlewick felt excited. He had not expected this. The bloodhound had found a trail.

Nettlewick si sentì emozionato. Non se lo aspettava. Il segugio aveva trovato una traccia.

"Ah!" said the examiner. He waited a moment, and then continued: "May I ask you for a more detailed explanation?"

"Ah!" disse l'esaminatore. Poi aspettò un momento, per poi continuare: "Posso chiederle una spiegazione più dettagliata?"

"The securities were taken by me," repeated the major. "It was not for my own use, but to save an old friend in trouble. Come in here, sir, and we'll talk it over."

"I titoli sono stati presi da me," ripeté il maggiore. "Non per un uso personale, ma per salvare un vecchio amico nei guai. Venga con me, signore, e ne parleremo."

He led the examiner into the bank's private office, and closed the door. There was a desk, and a table, and half a dozen leather covered chairs. On the wall hung the major's old sabre that he had carried many years ago.

Condusse l'esaminatore nell'ufficio privato della banca e chiuse la porta. C'era una scrivania, un tavolo e mezza dozzina di sedie rivestite in pelle. Sul muro c'era appesa la vecchia sciabola del maggiore che aveva portato molti anni fa.

After placing a chair for Nettlewick, the major sat down by the window, from which he could see the post office and the building of the Stockmen's National. He remained silent and the examiner felt that the ice must be broken somehow.

Dopo aver preso una sedia per Nettlewick, il maggiore si sedette vicino alla finestra, da dove poteva vedere l'ufficio postale e il palazzo della Stockmen's National. Rimase in silenzio e l'esaminatore sentì il dovere di rompere il ghiaccio in qualche modo.

So he began: "What you have just said is very serious. You're aware also, of what my duty compels me to do. I shall have to report the matter to the United States Commissioner and..."

Quindi iniziò: "Cosa mi ha appena raccontato è una faccenda molto seria. Lei è anche consapevole di quello che il mio dovere mi costringe a fare. Dovrò segnalare la questione al Commissario degli Stati Uniti e ..."

"I know, I know," said Major Tom, with a wave of his hand. "You don't suppose I would run a bank without knowing the banking laws. Do your duty. I'm not asking any favors. But I've mentioned my friend, and I want to tell you about Bob."

"Lo so, lo so," disse il Maggiore Tom, con un gesto della mano. *"Non penserà mica che potrei dirigere una banca senza conoscere le leggi bancarie. Faccia il suo dovere. Non le sto chiedendo alcun favore. Ma ho nominato il mio amico, e voglio raccontarle di Bob."*

Nettlewick settled himself in his chair. He thought that he would not be able to leave San Rosario that day.

Nettlewick si sistemò nella sua sedia. Pensò che non sarebbe riuscito a lasciare San Rosario quel giorno.

He would have to obtain a warrant from the United States Commissioner for the arrest of Major Kingman; perhaps he would be ordered to close the bank due to the loss of the securities.

Avrebbe dovuto ottenere un mandato dal Commissario degli Stati Uniti per l'arresto del Maggiore Kingman; probabilmente gli avrebbero ordinato di chiudere la banca a causa della perdita dei titoli.

It was not the first crime the examiner had discovered. He had seen bankers fall on their knees and cry like women.

Non era il primo reato che l'esaminatore scopriva. Aveva visto banchieri cadere sulle ginocchia e piangere come le donne.

One cashier had shot himself at his desk before him. None of them had behaved with the dignity and coolness of this stern old man.

Un cassiere si era sparato alla sua scrivania davanti a lui. Nessuno di loro si era comportato con dignità e freddezza come questo vecchio austero.

And then there was something in the president's manner that made Nettlewick stay and listen to his story. Putting his elbows on the arm of his chair the bank examiner waited to hear the story of the president the First National Bank of San Rosario.

E poi c'era qualcosa nei modi del presidente che convinse Nettlewick a rimanere ad ascoltare la sua storia. Appoggiando i gomiti ai lati della sedia, l'esaminatore di banca aspettò di sentire la storia del presidente della First National Bank di San Rosario.

"When a man has been your devoted friend," began Major Tom, "for forty years, and when you can do him a little favor, you feel that you certainly need to do it." ("Steel for him $70,000 worth of securities," thought the examiner.)

"Quando un uomo è stato il tuo devoto amico," iniziò il Maggiore Tom, "per quarant'anni, e quando ti è possibile concedergli un piccolo favore, senti sicuramente il dovere di farlo." ("Ruba per lui dei titoli per un valore di $70,000," pensò l'esaminatore.)

We were cowboys, together. Bob and I," continued the major, "and we looked together for gold and silver in New Mexico and California. We were both in the war of sixty one (1861) but in different divisions.

Siamo stati dei cowboy, insieme. Bob e io," continuò il maggiore, "cercammo insieme oro e argento in New Mexico e California. Eravamo entrambi nella guerra del sessant'uno (1861) ma in divisioni diverse.

Later we fought Indians side by side; we starved in the Arizona Mountains, buried twenty feet deep in snow – well, Bob and I have gone through many hardships since the first time we met in the cowboy's camp and during that time we found it necessary more than once to help each other to overcome difficulties.

In seguito abbiamo combattuto fianco a fianco gli Indiani; abbiamo patito la fame nelle Montagne dell'Arizona, sepolti sotto venti piedi di neve – beh, Bob ed io abbiamo affrontato molte difficoltà da quando ci incontrammo per la prima volta nell'accampamento dei cowboy, e in tutto questo periodo abbiamo trovato necessario aiutarci a vicenda a superare varie difficoltà.

In those days it was a man's responsibility to help his friend when he was in trouble. And Bob was a man who would do even more than that for his friend.

In quei giorni, un uomo sentiva il dovere di aiutare un amico in difficoltà. E Bob era un uomo che avrebbe fatto anche di più per il suo amico.

"Twenty years ago I was sheriff of this county, and Bob was my deputy. That was before the boom in the cattle trade when we both made our fortunes.

"Vent'anni fa ero sceriffo di questa contea, e Bob era il mio vice. Questo fu prima del boom nel commercio del bestiame, dove entrambi abbiamo costruito la nostra fortuna.

I was sheriff and tax collector at that time. I was married, and we had a boy of four and a girl of six years old.

Io ero uno sceriffo ed esattore delle imposte in quel periodo. Ero sposato, e avevo un bambino di quattro anni e una bambina di sei.

Next to the courthouse there was a comfortable house in which we lived, rent free, and I was saving some money. Bob did most of the office work.

Accanto al palazzo di giustizia c'era una comoda casa dove abitavamo noi, senza canone d'affitto, e cercavo di risparmiare del denaro. Bob eseguiva la maggior parte del lavoro d'ufficio.

Both of us had seen hard times and plenty of danger, and it was wonderful to hear the rain beating against the window at night and be warm and safe.

Entrambi avevamo visto tempi difficili e molti pericoli, ed era meraviglioso ascoltare la pioggia battere contro la finestra e ritrovarsi in casa al calduccio e al sicuro.

Plus I had the finest wife and adorable kids, and my old friend with me, enjoying the first fruits of prosperity and white shirts, and I must tell you I was really happy. Yes, I was happy at that time."

Inoltre, avevo la più bella moglie e figli adorabili e il mio vecchio amico con me a goderci i primi frutti della prosperità e le camicie bianche, e devo dire che ero veramente felice. Sì, in quel periodo ero felice."

The major sighed and glanced out of the window. The bank examiner changed his position, and leaned his chin upon his hand.

Il maggiore sospirò e guardò fuori dalla finestra. L'esaminatore di banca cambiò posizione e appoggiò il mento sulla sua mano.

"One winter," continued the major, "the money for the taxes came in so fast that I did not have time to take it to the bank for a week.

"Un inverno," continuò il maggiore, "i soldi per le tasse entrarono così velocemente che non ebbi nemmeno il tempo di portarli in banca per una settimana.

I just put the checks into a cigar box and the money into a sack, and locked them in the big safe that was in the sheriff's office.

Misi gli assegni in una scatola di sigari e i soldi in un sacco, e chiusi tutto nella grande cassaforte che si trovava nell'ufficio dello sceriffo.

"I had worked too hard that week, my nerves were on edge and though I slept at night I didn't feel rested. The doctor had some scientific word for such condition, and gave me some medicine.

"Avevo lavorato molto quella settimana, i miei nervi erano sul filo del rasoio e anche se di notte dormivo, non mi sentivo riposato. Il medico aveva un nome scientifico per questa condizione e mi prescrisse delle medicine.

On Friday night there was about $6,500 in cash in the bag. So that night I was worried about money and I went to bed thinking of it, though there was nothing to be nervous about, because the safe was a good one, and nobody except Bob and I knew how to open it.

Venerdì sera c'erano circa $6,500 in contanti nella borsa. Così quella notte ero preoccupato per i soldi e andai a dormire con il pensiero del denaro; anche se non c'era niente per cui essere nervosi, perché la cassaforte era una di quelle buone, e nessuno a parte io e Bob sapeva come aprirla.

"On Saturday morning I went to the office, as usual. The safe was locked and Bob was writing on his desk. I opened the safe, and money was gone.

Sabato mattina andai in ufficio, come al solito. La cassaforte era chiusa e Bob stava scrivendo seduto alla sua scrivania. Aprii la cassaforte, e il denaro non c'era più.

I called Bob, and woke up everybody in the courthouse to announce the robbery. It struck me that Bob took it pretty quietly considering the seriousness of the situation.

Chiamai Bob, e svegliai tutti nel palazzo di giustizia per annunciare la rapina. Mi sorpresi che Bob l'aveva presa piuttosto tranquillamente considerando la serietà della situazione.

"Two days went by, but we didn't find out anything. It couldn't have been burglars, because the safe had been opened in the correct way.

"Passarono due giorni, ma non scoprimmo nulla. Non potevano essere stati i ladri perché la cassaforte era stata aperta in modo corretto.

People must have begun to talk, for one afternoon Alice – that's my wife – and the boy and girl rushed into the office, and Alice cried 'Tom, Tom! What happened? Tell us!' Alice laid her head on my shoulder and cried for the first time since we got married.

La gente probabilmente aveva iniziato a mormorare perché un pomeriggio Alice – mia moglie – e mio figlio e mia figlia arrivarono di corsa in ufficio, e Alice urlò 'Tom, Tom! Che cosa è accaduto? Raccontaci!' Alice appoggiò la testa sulla mia spalla e iniziò a piangere per la prima volta da quando eravamo sposati.

"Jack and Zilla – the children – they were always wild as little tigers when they saw Bob and rushed at him and climbed over him every time they were allowed to come to the courthouse.

"Jack e Zilla – i bambini – erano sempre selvaggi come delle piccole tigri quando vedevano Bob e si precipitavano verso di lui, arrampicandosi su di lui ogni volta che avevano il permesso di venire al palazzo di giustizia.

But now they stood with their big eyes full of fear. Bob was working at his desk, and he got up and went out without saying a word.

Ma questa volta se ne stavano là con i loro grandi occhi pieni di terrore. Bob stava lavorando alla sua scrivania, poi si alzò ed uscì senza dire una parola.

The next morning he went to the judge and confessed that he had stolen the money. He said he had lost it at cards. In fifteen minutes I received a warrant to arrest the man with whom I'd been closer than a thousand brothers for many years.

Il mattino seguente andò dal giudice e confessò di aver rubato lui il denaro. Disse di averlo perso giocando a carte. In quindici minuti ricevetti il mandato per arrestare l'uomo a cui per anni mi sono sentito più vicino che a mille fratelli.

"I showed the warrant to Bob and said, pointing: "There's my house, and here's my office and out that way is California, and over there is Florida – and that's your range until court meets. I take the responsibility for you. You must be here when you're called to court.'

"Mostrai il mandato a Bob e dissi, indicando: "Là c'è la mia casa, e qui si trova il mio ufficio e da quella parte c'è la California, e di là c'è la Florida – e questi sono i tuoi limiti finché la corte non si riunisce. Mi assumo la responsabilità per te. Devi essere qui quando verrai chiamato in tribunale.'

81

'Thanks, Tom,' he said a little absent-mindedly: 'I knew you wouldn't lock me up. Court meets next Monday, so, if you don't object I'll stay at the office until then.

'Grazie, Tom,' disse lui un po' distrattamente: 'Sapevo che non mi avresti rinchiuso. La corte si riunisce il prossimo lunedì, quindi, se non hai obiezioni rimarrò qui in ufficio fino ad allora.

I've one favor to ask, if it isn't too much. Let the kids come out in the yard sometimes and play there, I'd like it.' 'Why not?' I answered. 'And come to my house, the same as always.'

Ho un favore da chiederti, se non è troppo. Lascia che i bambini vengano a giocare qui nel cortile qualche volta, mi farebbe piacere.' 'Perché no?' Risposi io. 'E vieni a trovarmi a casa, come sempre.'

"You see, Mr. Nettlewick, you can't make a friend of a thief, but neither can you make a thief of a friend, all at once."

"Vede, Signor Nettlewick, non si può fare un amico di un ladro, ma non si può fare un ladro di un amico, improvvisamente."

The examiner made no answer. At that moment they heard the loud whistle of a locomotive approaching the station.

L'esaminatore non rispose. In quel momento udirono il forte fischio di una locomotiva che si stava avvicinando alla stazione.

That was the train that was arriving at San Rosario from the south. The major listened for a moment and looked at his watch. The train was on time – 10:35. The major continued:

Era il treno che arrivava da San Rosario proveniente dal sud. Il maggiore ascoltò per un momento poi guardò il suo orologio. Il treno era in orario – 10:35. Il maggiore proseguì:

"So Bob stayed in the office, reading the papers and smoking. I took another man to work in his place, and, after a while, the first excitement of the case diminished.

"Quindi Bob rimase in ufficio, a leggere i giornali e a fumare. Assunsi un altro uomo per sostituirlo nel suo lavoro, e, dopo un certo periodo, la prima agitazione del caso diminuì.

"One day when we were alone in the office Bob came up to my desk. He was pale and looked very tired – the same look he used to have when he had been watching for Indians all night.

"Un giorno, mentre eravamo soli in ufficio, Bob si avvicinò alla mia scrivania. Era pallido e sembrava molto stanco – lo stesso aspetto di quando stava a fare la guardia contro gli Indiani per tutta la notte.

" 'Tom,' he said, 'it's harder than fighting redskins, it's harder than lying in the desert forty miles from water, but I still intend to go through with this to the end. But if you'd just say 'Bob, I understand,' it would make it so much easier.'

"'Tom,' disse lui, 'è più difficile che combattere i pellerossa, è più difficile che starsene nel deserto a quaranta miglia dall'acqua, ma intendo affrontare la cosa fino in fondo. Ma se tu solo dicessi 'Bob, capisco,' sarebbe molto più facile per me.'

"I was surprised. 'I don't know what you mean, Bob,' I said. 'Of course, you know that I would do anything under the sun to help you. But I don't quite understand you.'

"Rimasi sorpreso. 'Non so cosa intendi dire, Bob,' risposi io. 'Naturalmente, lo sai che farei qualsiasi cosa alla luce del sole per aiutarti. Ma non riesco a capirti.'

" 'All right, Tom' was all he said, and he went back to his newspaper and lit another cigar.

" 'Va bene, Tom' fu la sua unica risposta, e ritornò al suo giornale e si accese un altro sigaro.

"It was the night before court met that I found out what he meant... I went to bed that night with that same old nervous feeling.

"Fu la sera prima che la corte si riunisse che capii cosa intendeva dire ... Quella sera andai a dormire con quella stessa vecchia sensazione di nervoso.

I fell asleep at about midnight and when I woke up I was standing half-dressed in one of the courthouse corridors. Bob was holding one of my arms, our family doctor the other, and Alice was shaking me crying.

Mi addormentai verso mezzanotte e quando mi svegliai mi ritrovai in piedi mezzo vestito in uno dei corridoio del palazzo di giustizia. Bob teneva ad una delle mie braccia, il medico di famiglia teneva l'altro braccio e Alice mi scuoteva piangendo.

"Alice had sent for the doctor without my knowing it, and when he came they had found me out of bed, and had begun a search.

"Alice aveva mandato a chiamare il medico senza che io lo sapessi, e quando arrivò non mi trovarono a letto, e iniziarono la ricerca.

"'Sleep walking,' said the doctor.

" 'Sonnambulo,' disse il medico.

"All of us went back to the house, and the doctor told us some incredible stories about the strange things people had done while in that condition.

"Ritornammo tutti in casa e il medico ci raccontò delle storie incredibili su quali cose strane può fare la gente mentre si trova in quello stato.

I was feeling rather chilly after my walk, and, as my wife had left the room at the time, I opened the door of old wardrobe that stood in the room and took out a blanket. Out fell the bag of money for stealing of which Bob was going to be imprisoned for years.

Sentivo un po' di freddo dopo quella camminata, e mentre in quel momento mia moglie uscì dalla stanza, aprii la porta del vecchio guardaroba nella stanza e presi una coperta. Ed ecco cader fuori la borsa con i soldi rubati per cui Bob stava per essere imprigionato per anni.

" 'How on earth did it get there!?' I yelled at the top of my voice, and I suppose everybody saw how surprised I was. Bob realized everything in an instant.

" 'Ma come diavolo è finita qui!?' urlai a squarciagola, e immagino che tutti videro quanto io fossi rimasto sorpreso. Bob capì tutto in un istante.

" 'You old scoundrel, ' he said with the old-time look on his face, 'I saw you put it there. I watched you open the safe and take it out, and I followed you. I looked through the window and saw you hide it in that wardrobe.'

" 'Vecchio furfante,' disse con lo stesso sguardo dei vecchi tempi, 'ti ho visto mentre la mettevi qui. Ti ho visto aprire la cassaforte e prendere il denaro, e ti ho seguito. Ti ho guardato attraverso la finestra e ti ho visto nascondere il sacchetto in quell'armadio.'

" 'Then you old idiot, why did you say you took it?'

" 'Because,' said Bob simply, 'I didn't know you were asleep.'

" 'Ma allora vecchio idiota, perché hai detto di averlo preso tu?'

" 'Perché,' disse Bob semplicemente, 'non avevo capito che eri addormentato,'

"I saw him glance toward the door of the room where my children were, and I understood then what it meant to be a friend from Bob's point of view."

"Lo vidi gettare lo sguardo alla porta della stanza dove si trovavano i miei figli, e allora capii cosa significava essere un amico dal punto di vista di Bob."

Major Tom paused and again looked out of the window. He saw someone in the Stockmen's National Bank draw a yellow curtain across its big front window, although the position of the sun did not require such a defensive movement against its rays.

Il Maggiore Tom fece una pausa e guardò di nuovo fuori dalla finestra. Vide qualcuno nella Stockmen's National Bank tirare una tenda gialla sulla grande finestra principale, anche se la posizione del sole non richiedeva una tale movimento di protezione contro i suoi raggi.

Nettlewick straightened up in his chair. He had listened patiently, but without any particular interest, to the major's story. It had nothing to do with the missing securities, and it could certainly have no effect upon the consequences.

Nettlewick si raddrizzò nella sedia. Aveva ascoltato pazientemente, ma senza alcun interesse particolare, alla storia del maggiore. Essa non aveva niente a che fare con i titoli mancanti, e certamente non aveva alcun effetto sulle conseguenze.

Those Western people, he thought, were too sentimental. Evidently major has concluded his story. And what he had said meant nothing to Nettlewick.

Le persone del West, pensò, sono troppo sentimentali. Evidentemente, il maggiore aveva concluso la sua storia. E cosa aveva raccontato non significava nulla per Nettlewick.

"May I ask," said the examiner, "if you have anything else to say regarding missing securities?"

"Posso chiederle," disse l'esaminatore, "se ha qualcos'altro da dire in merito ai titoli mancanti?"

"Missing securities, sir!" Major Tom turned suddenly in his chair. "What do you mean, sir?"

"Titoli mancanti, signore!" Il Maggiore Tom improvvisamente si rigirò nella sedia. "Cosa intende dire, signore?"

He drew from his pocket a pile of folded papers, threw them into the Nettlewick's hands, and rose to his feet.

Tirò fuori dalla tasca un mucchio di fogli piegati, li gettò nelle mani di Nettlewick e si alzò in piedi.

"You'll find those securities there, sir, every stock and bond. I took them from the loans while you were counting the cash."

"Troverà quei titoli lì, signore, ogni azione e obbligazione. Li avevo presi dai prestiti mentre lei contava il contante."

The major went back into the banking room. The examiner, completely puzzled, followed. He felt that he had been made the victim of some trick but what it was he had no idea.

Il maggiore ritornò nella sala principale della banca. L'esaminatore completamente perplesso lo seguì. Sentiva di essere la vittima di qualche raggiro ma di che cosa non ne aveva la minima idea.

An official report to his chief would be an absurdity. And he felt that he would never know anything more about the matter than he did now.

Una relazione ufficiale al suo capo sarebbe stata un'assurdità. E sentiva che non avrebbe mai saputo nulla di più di adesso della faccenda.

Mechanically, Nettlewick examined the securities, found that everything was all right, took his bag and rose to go.

Meccanicamente, Nettlewick esaminò i titoli, vide che tutto era in ordine, prese la sua borsa e si alzò per uscire.

"I must say," he protested looking angrily at Major Kingman, "that your statements – your misleading statements, which you didn't wish to explain – cannot be regarded as business or humor. I do not understand that sort of things."

"Devo dire," protestò guardando con ira il Maggiore Kingman, *"che le sue affermazioni - le sue affermazioni fuorvianti, che non ha voluto spiegare – non possono essere considerate di lavoro o umoristiche. Non capisco questo genere di cose."*

Major Tom looked down at him quietly and not unkindly.

Il Maggiore Tom lo guardò in silenzio e non senza gentilezza.

"Son," he said, "there are plenty of things under the sun that you don't understand. But I want to thank you for listening to my story.

"Figlio," disse lui, *"ci sono moltissime cose sotto la luce del sole che non può capire. Ma voglio ringraziarla per aver ascoltato la mia storia.*

"We old Texans love to talk about our adventures and our old comrades, and everyone round here knows it and always runs away when we begin with 'Once upon a time,' so we have to find other people to whom we can tell our stories."

"Noi vecchi Texani adoriamo raccontare le nostre avventure e tutti i nostri vecchi compagni, e chiunque da queste parti lo sanno e scappano via quando iniziamo con 'C'era una volta,' quindi dobbiamo cercare qualcun altro a cui raccontare le nostre storie."

The major smiled, but the examiner only bowed coldly, and immediately left the bank. He crossed the street and entered the Stockmen's National Bank.

Il maggiore sorrise, ma l'esaminatore fece soltanto un freddo inchino, e lasciò immediatamente la banca. Attraversò la strada ed entrò nella Stockmen's National Bank.

Major Tom sat down at his desk, and drew from his pocket the note the office boy had given him. He had read it once, but hurriedly and now he read it again. These were the words he read:

Il Maggiore Tom si sedette alla sua scrivania, e prese dalla tasca la nota che gli aveva dato il fattorino. Lo aveva letto una volta sola, ma di fretta e ora lo rilesse. Queste erano le parole che lesse:

"Dear Tom,

I have just heard there is a new inspector examining your bank, and that means that he'll come to us in a couple of hours, maybe.

"Caro Tom,

ho appena saputo che c'è un nuovo ispettore che sta esaminando la tua banca, e ciò significa che arriverà da noi tra circa due ore, forse.

Now, I want you to do something for me. We have only $2,200 in the bank, and the law requires that we should have $20,000. I let Ross and Fisher have $18,000 yesterday afternoon, to buy some cattle.

Ora, vorrei che tu facessi una cosa per me. Abbiamo solo $2,200 nella banca, e la legge richiede che dovremmo averne $20,000. Ho permesso a Ross e Fisher di avere $18,000 ieri pomeriggio per acquistare alcuni capi di bestiame.

They will get $40,000 in less than thirty days on this transaction, but that won't make my cash on hand look any prettier to that examiner.

Otterranno $40,000 in meno di trenta giorni con questa transazione, ma questo fatto non migliorerà il mio fondo cassa agli occhi di quel esaminatore.

Now, I can't show him those loans, because they are just useless papers without any security, but you know very well that Pink Ross and Jim Fisher are two of the finest men God ever made.

Ora, non posso mostrargli quei prestiti, perché sono solo documenti inutili senza alcuna garanzia, ma lo sai molto bene anche tu che Pink Ross e Jim Fisher sono due dei migliori uomini che Dio abbia mai creato.

You remember Jim Fisher – he used to go hunting with us in old days.

Ti ricordi di Jim Fisher – veniva a caccia con noi ai vecchi tempi.

I wired Sam Bradshaw's bank to send me $20,000, and I'll get it when the 10:30 train arrives.

Ho telegrafato alla banca di Sam Bradshaw di mandarmi $20,000, e li riceverò quando arriverà il treno delle 10:30.

I can't let a bank examiner in to count $2,200 and close our doors. So, Tom, you hold that examiner. Hold him. Hold him even if you have to tie him and sit on his head.

Non posso permettere di far entrare un esaminatore per contare $2,200 e chiudere le porte. Quindi, Tom, trattieni quel esaminatore. Trattienilo. Trattienilo anche se devi legarlo e sederti sopra la sua testa.

Watch our front window after the train arrives, and when we have the cash inside we'll draw the curtains as a signal.

Osserva la nostra finestra principale dopo l'arrivo del treno, e quando avremmo ricevuto il denaro contante tireremo le tende come segnale.

Don't let him go until then. I am counting on you, Tom.

Non lasciarlo andare fino a quel momento. Conto su di te, Tom.

Your Old Friend,
Bob Buckley,
President Stockmen's National"

Il Tuo Vecchio Amico,
Bob Buckley,
Presidente della Stockmen's National"

The major began to tear the note into small pieces and throw them into his waste basket. He gave a little chuckle as he did sometimes.

Il maggiore iniziò a strappare il biglietto in tanti piccoli pezzi e li gettò nel cestino. Emise una piccola risatina come faceva a volte.

"Damn old reckless fool!" he exclaimed with satisfaction, "that pays him a little for what he tried to do for me in the sheriff's office twenty years ago."

"Accidenti a te vecchio sciocco incosciente!" esclamò con soddisfazione, "questo lo ripagherà in parte per quello che ha cercato di fare per me nell'ufficio dello sceriffo vent'anni fa."

Key Vocabulary:

o **spesso** *avv.|agg.* [spés-so] – 1. often, frequently; 2. dense, thick.
o **avviarsi** *v.rf.* [av-viàr-si] – to start out/off; to get moving/going.
o **tratto** *s.m.* [tràt-to] – 1. part, stretch, distance; 2. stroke (of a pen etc.)
o **reparto** *s.m.* [re-pàr-to] – department, division.
o **sportello** *s.m.* [spor-tèl-lo] – 1. window, counter (at a bank etc.). 2. door (of a wardrobe, cage etc.);
o **balbettare** *v.intr.* [bal-bet-tà-re] – to stammer, to mumble.
o **scambiare** *v.tr.* [scam-bià-re] – to exchange; to swap.
o **denaro** *s.m.* [de-nà-ro] – money; cash (attr.).
  ~ **contante** – cash, ready cash/money.
o **temere** *v.tr.* [te-mé-re] – to fear; to be afraid of.
o **trascurare** *v.tr.* [tra-scu-rà-re] – to neglect, to overlook.

- *spicciolo* s.m. [spìc-cio-lo] – loose/small change, spare change.
- *pesare* v.tr. [pe-sà-re] – to weigh.
- *maggiore* agg. [mag-gió-re] – major (*military rank*); greater; main.
- *occhiolino* s.m. [oc-chio-lì-no] – eyelet.
  fare l'occhiolino (a qualcuno) – to wink (at somebody).
- *fattorino* s.m. [fat-to-rì-no] – errand boy, office boy.
- *avvertire* v.tr. [av-ver-tì-re] – to inform, to let know; to warn.
- *corpulento* agg. [cor-pu-lèn-to] – corpulent, stout, burly.
- *consegnare* v.tr. [con-se-gnà-re] – to deliver, to consign, to hand over.
- *cambiale* s.f. [cam-bià-le] – bill of exchange, bill.
- *titolo* s.m. [tì-to-lo] – 1. title, headline; 2. stock, security.
- *collegare* v.tr. [col-le-gà-re] – to connect, to link; to (cor)relate.
- *taccuino* s.m. [tac-cuì-no] – notebook. correlate
- *contabile* s.m. [con-tà-bi-le] – accountant, bookkeeper.
- *strofinare* v.tr. [stro-fi-nà-re] – to scrub, to wipe; to rub.
- *riguardare* v.tr. [ri-guar-dà-re] – 1. to look, to check (again); – 2. to regard; to concern.
- *allevatore di bestiame* – cattle-breeder.
- *imprudente* agg. [im-pru-dèn-te] – imprudent, unwise.
- *subire* v.tr. [su-bì-re] – to suffer, to endure.
- *spiccio* agg. [spìc-cio] – quick, rapid, swift.
- *riuscire* v.intr. [riu-scì-re] – to succeed; to be able, to manage.
- *combaciare* v.intr. [com-ba-cià-re] – to fit in, to match.
- *consistente* agg. [con-si-stèn-te] – solid; substantial, considerable.
- *segugio* s.m. [se-gù-gio] – bloodhound; tracker dog.
- *obbligazione* s.f. [ob-bli-ga-zió-ne] – 1. commitment, obligation; – 2. bond. ~ *a breve scadenza* – short-term bond.
- *appendere* v.tr. [ap-pèn-de-re] – to hang (up).
- *consapevole* agg. [con-sa-pé-vo-le] – aware (of); conscious.

- *costringere* v.tr. [co-strìn-ge-re] – to compel, to force, to oblige.
- *segnalare* v.tr. [se-gna-là-re] – to signal, to report.
- *nominare* v.tr. [no-mi-nà-re] – to mention, to refer to; to call (by name).
- *austero* agg. [au-stè-ro] – austere, stern, severe.
- *concedere* v.tr. [con-cè-de-re] – to grant, to give, to award.
- *patire* v.tr. [pa-tì-re] – to suffer, to undergo, to endure.
- *sepolto* agg. [se-pól-to] – buried, interred; sunk.
- *vicenda* s.f. [vi-cèn-da] – sequence, series;
  a vicenda – mutually; each other, one another.
- *vice* s.m.|f. [vì-ce] – deputy, second-in-command.
- *imposta* s.f. [im-pò-sta] – tax, duty.
- *canone* s.m. [cà-no-ne] – 1. rent, rental; 2. canon, principle.
- *sospirare* v.intr. [so-spi-rà-re] – to sigh.
- *godere* v.tr. [go-dé-re] – to enjoy.
- *scoprire* v.tr. [sco-prì-re] – to discover, to find out; to uncover.
- *mormorare* v.intr. [mor-mo-rà-re] – to murmur; to talk, to gossip.
- *arrampicarsi* v.rf. [ar-ram-pi-cà-re] – to climb; to scramble.
- *provenire* v.intr. [pro-ve-nì-re] – to come /derive (from).
- *diminuire* v.tr. [di-mi-nuì-re] – to reduce, to decrease; to diminish.
- *a squarciagola* – at the top of one's voice.
  urlare ~ – to scream/yell at the top of one's voice.
- *furfante* s.m.|f. [fur-fàn-te] – villain, scoundrel, rascal.
- *raddrizzarsi* v.rf. [rad-driz-zàr-si] – to straighten (up).
- *merito* s.m. [mè-ri-to] – merit, worth, virtue.
  in ~ a – regarding, concerning.
- *piegare* v.tr. [pie-gà-re] – to fold (up), to bend.
- *raggiro* s.m. [rag-gì-ro] – trick, cheat, deception.
- *relazione* s.f. [re-la-zió-ne] – relation; report.
- *fuorviante* agg. [fuor-vià-re] – misleading, deceptive.
- *compagno* s.m. [com-pà-gno] – companion, buddy, comrade.
- *legare* v.tr. [le-gà-re] – to tie (up), to bind.

○ *incosciente* *agg.* [in-co-scièn-te] – 1. unconscious; 2. reckless, irresponsible.

6. The Luncheon *(after W. Somerset Maugham)* / Il pranzo

I saw her at the theater play and during the break I came over and sat down beside her. It was long since we have met but she recognized me at once and addressed me in a friendly voice.

La vidi allo spettacolo teatrale e durante la pausa mi avvicinai e mi sedetti di fianco a lei. Era passato tanto tempo da quando ci incontrammo ma mi riconobbe subito e mi salutò con voce amichevole.

"Do you remember the first time I saw you? You asked me to a luncheon." Did I remember?

"Ti ricordi della prima volta che ti ho visto? Mi volevi portare a pranzo." Mi ricordavo?

It was twenty years ago and I was living in Paris. I had a small apartment in the Latin Quarter and I was earning only just enough to keep my body and soul together.

Accadde venti anni fa ed io vivevo a Parigi. Avevo un piccolo appartamento nel quartiere Latino e guadagnavo quel tanto che bastava per tenere il mio corpo e la mia anima d'un pezzo.

She had read a book of mine and had written to me about it. I answered, thanking her, and then I received from her another letter saying that she was passing through Paris and would like to have a chat with me.

Aveva letto un mio libro e mi aveva scritto a riguardo. Risposi, ringraziandola, e poi ricevetti un'altra sua lettera in cui mi informava che sarebbe passata da Parigi e avrebbe apprezzato fare due chiacchiere con me.

On the following Thursday, she said, she would spend the morning at the Luxembourg and asked me whether I would take her to a little luncheon at Foyet's afterwards.

Il giovedì seguente, disse, avrebbe speso la mattinata in Lussemburgo e mi chiese se l'avrei portata a pranzo da Foyet più tardi.

Foyet's is a restaurant at which the French senators eat and it was so expensive that I had never thought of going there. But I was flattered and I was too young to say "no" to a woman.

Foyet è un ristorante nel quale pranzano i senatori Francesi ed era così costoso che non avevo mai nemmeno pensato di andarci. Ma ero lusingato e troppo giovane per dire "no" a una donna.

I had eighty francs to live on for the rest of the month and a modest luncheon should not cost more than fifteen. If I won't take coffee for the next two weeks, I could manage well enough.

Avevo ottanta franchi con cui vivere per il resto del mese ed un pranzo modesto non sarebbe potuto costarne più di quindici. Se non avessi preso il caffè per le prossime due settimane, avrei potuto farcela abbastanza bene.

I answered that I will meet my friend – by correspondence – at Foyet's on Thursday at half past twelve. She was not as young as I expected and her appearance was imposing rather than attractive.

Risposi che avrei incontrato la mia amica – per corrispondenza – da Foyet il giovedì alle dodici e mezza. Non era così giovane come me l'aspettavo e il suo aspetto era più imponente che attraente.

She was talkative, but since she wanted to talk about me I was prepared to be an attentive listener. I got frightened when the menu was brought, because the prices were much higher than I had expected. But she reassured me.

Lei era loquace, ma visto che voleva parlare di me ero preparato ad essere un attento ascoltatore. Mi spaventai quando ci fu portato il menù, perché i prezzi erano molto più alti di quanto mi aspettassi. Ma lei mi rassicurò.

"I never eat anything for luncheon," she said.

"Oh, don't say that!" I answered generously.

"Io non mangio mai niente a pranzo," disse lei.

"Dai, non dirlo nemmeno!" Risposi generosamente.

"I never eat more than one thing. I think people eat too much nowadays. A little bit of fish, perhaps. I wonder if they have any salmon."

"Non mangio mai più di una sola cosa. Penso che la gente mangi troppo al giorno d'oggi. Un po' di pesce, forse. Mi domando se abbiano del salmone."

Well, it was early in the year for salmon and it was not on the menu, but I asked the waiter if there was any. Yes, a beautiful salmon had just been delivered, the waiter said, I ordered it for my guest.

Beh, era piuttosto presto durante l'anno per il salmone e non era sul menù, ma chiesi al cameriere se ce ne fosse. Si, un bellissimo salmone era appena stato consegnato, disse il cameriere, lo ordinai per la mia ospite.

The waiter asked her if she would have something while salmon was being cooked.

"No," she answered, "I never eat more than one thing, unless you have a little caviar. I never mind caviar."

Il cameriere le chiese se desiderasse qualcosa nell'attesa che il salmone venisse cucinato.

"No," rispose, "Non mangio mai più di una cosa, a meno che non abbiate un po' di caviale. Apprezzo sempre il caviale."

My heart skipped a beat. I knew I could not afford caviar, but I could not tell her that. I told the waiter to bring caviar. For myself I ordered the cheapest dish on the menu and that was a mutton chop.

Il mio cuore perse un battito. Sapevo di non potermi permettere del caviale, ma non potevo dirglielo. Dissi al cameriere di portare del caviale. Per me ordinai il piatto meno costoso sul menù, cioè una costata di montone.

"I don't advise you to eat meat," she said. "I don't know how you can work after eating heavy things like chops."

"Non ti consiglio di mangiare carne," disse lei. "Non so come tu possa lavorare dopo aver mangiato qualcosa di così pesante come le costate."

Then the waiter came up to us and asked if we'd like to drink.

"I never drink anything for luncheon," she said.

Poi il cameriere si avvicinò a noi e chiamò se ci piacerebbe bere.

"Non bevo mai nulla per pranzo," disse lei.

"Neither do I," I answered quickly.

"Except white wine" she continued as if I had not spoken. "These French white wines are so light. They are wonderful for the digestion."

"Nemmeno io," risposi velocemente.

"Tranne il vino bianco" continuò lei come se io non avessi parlato. "Questi vini bianchi Francesi sono così leggeri. Sono fantastici per la digestione."

"What would you like?" I asked her politely.

"My doctor will not let me drink anything but champagne." I ordered half a bottle and said that my doctor had absolutely forbidden me to drink champagne.

"Cosa gradiresti?" chiesi educatamente.

98

*"Il mio dottore non mi fa bere nulla fuorché champagne."
Ordinai mezza bottiglia e dissi che il mio dottore mi aveva
assolutamente proibito di bere champagne.*

"What are you going to drink then?"

"Water."

"Cosa berrai allora?"

"Acqua."

She ate the caviar and then the salmon. She talked gaily of art
and literature and music. But I wondered how much I will have to
pay for that luncheon.

*Mangiò il caviale e poi il salmone. Parlò allegramente di
arte e letteratura e di musica. Ma io mi domandavo quanto dovrò
pagare per quel pranzo.*

When my mutton chop arrived she began to scold me.

*Quando la mia costata di montone arrivò lei iniziò a
rimproverarmi.*

"I see that you have a habit of eating a heavy luncheon. I am
sure it's a mistake. Why don't you follow my example and just eat
one thing? I am sure you would feel much better for it."

*"Vedo che hai l'abitudine di pranzare pesante. Sono sicura
sia un errore. Perché non segui il mio esempio e mangi una sola
cosa? Sono sicura che ti sentiresti molto meglio per questo."*

"I am eating only one thing," I said as the waiter came again
with the menu.

*"Io sto mangiando una sola cosa," dissi io mentre il
cameriere tornava col menù.*

"No, no," she said to him. "I never eat anything else for
luncheon. Only one thing! I never want more than that, and even
that I eat more as an excuse for conversation than anything else.

"No, no," lei disse. "Non mangio mai nient'altro per pranzo.
Solo una cosa! Non voglio mai più di questo, ma anche questo io
mangio più come una scusa per la conversazione che ogni altra
cosa.

I couldn't possibly eat anything more - unless they have some
of those giant asparagus. I should be sorry to leave Paris without
eating some of them."

Non riuscirei proprio a mangiare ancora – a meno che non
abbiano un po' di quegli asparagi giganti. Mi dispiacerebbe
lasciare Parigi senza mangiarne un po'."

My heart skipped a beat. I knew that they were extremely
expensive. But I had to order asparagus too.

Il mio cuore perse un battito. Sapevo che erano
estremamente costosi. Ma dovevo anche ordinare gli asparagi.

Panic seized me. It was no more a question of how much
money would I have left for the rest of the month, but whether I have
enough to pay the bill.

Il panico mi assalì. Non era più una questione di quanti
soldi avrei avuto per il resto del mese, ma se ne ho abbastanza per
pagare il conto.

It would be horrible not to have enough money to pay the bill
and be compelled to borrow from my guest.

Sarebbe orribile non avere abbastanza soldi per pagare il
conto ed esser costretto a farsi prestare qualcosa dalla mia ospite.

I knew exactly how much I had and if the bill would amount
to more, I decided that I would put my hand in my pocket and with a
dramatic cry will say that my wallet has been stolen.

Sapevo esattamente quanto avevo e se il conto sarebbe
ammontare a più, decisi che avrei messo la mano in tasca e con un
pianto drammatico avrei annunciato che il mio portafogli era stato
rubato.

Obviously it would be embarrassing if she also did not have enough money to pay the bill. In that case, I could just leave my watch and say I would come back later to pay the bill.

Ovviamente sarebbe imbarazzante se anche lei non abbia avuto abbastanza soldi per pagare il conto. In tal caso avrei potuto solo lasciare il mio orologio e dire che sarei tornato più tardi a pagare il conto.

The asparagus appeared. They were enormous, succulent and appetizing. While my companion ate the asparagus I spoke of the condition in the Balkans. At last she finished.

Gli asparagi comparvero. Erano enormi, succulenti e appetitosi. Mentre la mia compagna mangiava gli asparagi io parlai della condizione nei Balcani. Finalmente lei finì.

"Coffee?" I asked.

"Yes, just an ice cream and coffee," she answered.

So, I ordered coffee for myself and ice cream and coffee for her.

"Caffè?" Chiesi.

"Sì, solo un gelato e un caffè," rispose.

Così, ordinai del caffè per me e del gelato e del caffè per lei.

"You know, there is one thing I believe in," she said as she savored the ice cream. "One should always get up from a meal feeling that he could eat a little more."

"Sai, c'è una cosa in cui credo," disse mentre gustava il gelato. "Bisognerebbe sempre alzarsi da tavola con la sensazione di poter ancora mangiare un po' di più."

"Are you still hungry?" I asked with horror.

"Hai ancora fame?" Chiesi con orrore.

"Oh, no, I am not hungry, you see, usually I don't eat luncheon. I have a cup of coffee in the morning and then dinner, but I never eat more than one thing for luncheon."

"Oh, I see!"

"Oh, no, non ho fame, vedi, di solito a pranzo non mangio. Ho una tazza di caffè al mattino e poi cena, ma non mangio mai più di una cosa a pranzo."

"Ah, capisco!"

Then a terrible thing happened. While we were waiting for the coffee, the head waiter came up to us with a basket full of peaches. But surely peaches were not in season then.

Poi, una cosa terribile accadde. Mentre attendevamo il caffè, il capo cameriere si avvicinò a noi con un cesto pieno di pesche. Di sicuro le pesche non erano di stagione allora.

Lord knew what they cost. I knew too – a little later, because my guest, going on with her conversation, absentmindedly took one.

Dio solo sa quanto costavano. Anche io lo seppi – poco più tardi, perché la mia ospite, mentre continuava la sua conversazione, ne prese distrattamente una.

"You know, you have filled your stomach with a lot of meat – and you can't eat any more. I've just had a snack and I can enjoy a peach."

"Sai, tu ti sei riempito lo stomaco di carne – e non puoi più mangiare. Io ho appena fatto uno spuntino e posso godermi una pesca."

The bill came and when I paid it, I found that I had only enough for a very small tip. She looked at the three francs that I left for the waiter and I knew that she thought I was mean.

Il conto arrivò e quando lo pagai, notai che potevo dare solo una piccola mancia. Lei guardò i tre franchi che lasciai al cameriere e seppi che lei mi considerò cattivo.

But when I walked out of the restaurant I had the whole month before me and not a penny in my pocket.

Ma quando uscii dal ristorante avevo tutto un mese di fronte a me e nemmeno un penny in tasca.

"Follow my example," she said as we shook hands, "and never eat more than one thing for luncheon."

"Segui il mio esempio," disse mentre ci stringevamo la mano, "e non mangi mai più di una sola cosa per pranzo."

"I'll do better than that," I answered. "I'll eat nothing for dinner tonight."

"You're a humorist!" she cried gaily, jumping into a cab. "You are quite a humorist!"

"Farò di meglio," risposi. "Non mangerò nulla per cena stasera."

"Sei spiritoso!" esclamo allegramente, saltando in un taxi. "Sei davvero spiritoso!"

I am not a bad man, but looking at her now I thought that I had my revenge at last. Today she weighs over 130 kilograms.

Non sono un uomo cattivo, ma guardarla ora mi faceva pensare di aver finalmente ottenuto la mia vendetta. Oggi, lei pesa più di 130 chili.

Key Vocabulary:

o **amichevole** *agg.* [a-mi-ché-vo-le] – friendly, amicable.

- *accadere* v.intr. [ac-ca-dé-re] – to happen, to take place.
- *bastare* v.intr. [ba-stà-re] – to be enough, to be sufficient.
- *pezzo* s.m. [pèz-zo] – piece; part.
- *riguardo a* – with/in regard to, regarding, about.
- *ringraziare* v.tr. [rin-gra-zià-re] – to thank.
- *ricevere* v.tr. [ri-cé-ve-re] – to receive; to get.
- *apprezzare* v.tr. [ap-prez-zà-re] – to appreciate; to relish.
- *chiacchiera* s.f. [chiàc-chie-ra] – chat, natter, talk.
  fare due chiacchiere – to chat, to natter.
- *tardi* avv. [tàr-di] – late. *più ~* – later;
  a più ~! – see you later!
- *lusingare* v.tr. [lu-sin-gà-re] – to flatter. *~to* agg. – flattered.
- *imponente* agg. [im-po-nèn-te] – imposing, impressive.
- *attraente* agg. [at-tra-èn-te] – attractive, cute.
- *loquace* agg. [lo-quà-ce] – talkative, chatty, loquacious.
- *perché* avv. [per-ché] – why; because.
- *domandare* v.tr. [do-man-dà-re] – to ask, to request.
  mi domando se – I wonder if/whether.
- *attesa* s.f. [at-té-sa] – waiting, wait.
- *a meno che* – unless.
- *perdere* v.tr. [pèr-de-re] – to lose; to miss; to leak.
- *battito* s.m. [bàt-ti-to] – beat, beating, ticking.
- *educatamente* avv. [e-du-ca-ta-mén-te] – politely, nicely.
- *fuorché* cong. [fuor-ché] – except (for), apart from, but.
- *rimproverare* v.tr. [rim-pro-ve-rà-re] – to reproach, to scold.
- *anche* cong. [àn-che] – also, too; even.
- *assalire* v.tr. [as-sa-lì-re] – to attack, to assault.
  (fig.) to assail, to seize, to come upon.
- *costretto* agg. [co-strét-to] – compelled, forced; constrained.
- *comparire* v.intr. [com-pa-rì-re] – to appear, to come out.
- *gustare* v.tr. [gu-stà-re] – to taste, to savor; to enjoy.
- *attendere* v.tr. [at-tèn-de-re] – to wait for, to attend to.
- *distrattamente* avv. [di-strat-ta-mén-te] – absentmindedly.
- *riempire* v.tr. [riem-pì-re] – to fill up.

- *spuntino* s.m. [spun-tì-no] – snack.
  fare uno ~ – to have a snack.
- *mancia* s.f. [màn-cia] – tip, gratuity.
  dare la ~ – to tip
- *considerare* v.tr. [con-si-de-rà-re] – to consider, to think of.
- *spiritoso* agg. [spi-ri-tó-so] – witty, humorous, funny.
- *ottenere* v.tr. [ot-te-né-re] – to obtain, to get, to attain.

7. Double Dyed Deceiver *(after O. Henry)* / Un Imbroglione Matricolato

It happened in Laredo in a gambling house. The players were sitting at a poker game when a quarrel began over some cards.

Il fatto avvenne a Laredo in una casa da gioco. I giocatori erano seduti davanti a una partita di poker quando iniziò un litigio riguardo ad alcune carte.

A young fellow of about Kid's age pulled out his revolver, but just grazed Kid's right ear. When Kid's turn came, he shot the young man and ran away.

Un giovanotto, dell'età di Kid più o meno, prese il suo revolver, e sfiorò appena l'orecchio destro di Kid. Quando arrivò il turno di Kid, sparò al giovane e scappò via.

The young man's friends overtook Kid at the station. Kid turned and aimed his revolver at them. He was a good shot. Seeing his revolver they stopped, turned and disappeared.

Gli amici del giovane superarono Kid alla stazione. Kid si girò e puntò il suo revolver verso di loro. Era un buon tiratore. Vedendo il suo revolver si fermarono, si girarono e sparirono.

The same afternoon Kid took a train, but at the next station he left it because there were telegraph posts along the line and Kid did not trust electricity, he felt safer on horseback. He knew that the man whom he had shot came from a ranch where the people were vengeful.

Lo stesso pomeriggio, Kid prese un treno, ma alla prossima stazione scese perché c'erano dei pali del telegrafo lungo la linea e Kid non si fidava dell'elettricità, si sentiva più sicuro a cavallo. Sapeva che l'uomo a cui aveva sparato proveniva da un ranch dove le persone erano vendicative.

There was a store near the station and Kid saw a saddled horse among the trees. He took it and galloped on. After three days he was on the sea shore. The same day he sailed on a steamer with a cargo of timber and matches.

C'era un negozio vicino alla stazione e Kid vide un cavallo sellato tra gli alberi. Lo prese e partì al galoppo. Dopo tre giorni si trovò in riva al mare. Lo stesso giorno s'imbarcò su una nave a vapore con un carico di legname e cerini.

Thacker, the United States consul at Buenas Tierras, was not yet drunk. It was only eleven o'clock in the morning and he was never drunk until the middle of the afternoon. So, when he saw Kid standing at the door of consulate, he was still in a condition to show the hospitality of a representative of a great nation.

Thacker, il console degli Stati Uniti a Buenas Tierras, non era ancora ubriaco. Erano solo le undici del mattino e non era mai ubriaco fino a metà pomeriggio. Quindi, quando vide Kid in piedi davanti alla porta del consolato, era ancora in condizione di mostrare l'ospitalità di un rappresentante di una grande nazione.

"I am sorry," said Kid. "I was told that people usually called on you before going to see the town. I have just come from Texas.

"Mi scusi," disse Kid. "Mi è stato detto che di solito le persone vengono a voi prima di andare a vedere il paese. Sono appena arrivato dal Texas."

"Nice to meet you Mr.- ?" said the consul.

"Dalton," said Kid. But they simply call me Kid in the Rio Grande country."

"Piacere di conoscerla Signor - ?" disse il console.

"Dalton," disse Kid. "Ma mi chiamano semplicemente Kid nel paese di Rio Grande."

"My name's Thacker," said the consul. "Take a chair. If you intend to buy land, I'll be very glad to help you. Besides, they speak Spanish here and you will need an interpreter."

"Io mi chiamo Thacker," disse il console. "Prenda una sedia. Se ha intenzione di acquistare del terreno, sarò molto lieto di aiutarla. Inoltre, parlano lo spagnolo qui e le servirà un interprete."

"I am not buying anything, "said Kid, "and I speak Spanish much better than English."

"Non ho intenzione di acquistare nulla," disse Kid, "e parlo lo spagnolo molto meglio dell'inglese."

"You speak Spanish?" said Thacker thoughtfully. He looked at Kid in silence.

"Lei parla lo spagnolo?" disse Thacker pensieroso. Guardò Kid in silenzio.

You look like a Spaniard, too," he continued, "and you can't be more than twenty or twenty one. Are you brave?"

"Sembri anche ad uno spagnolo," continuò, "e non puoi avere più di venti o ventuno anni. Sei coraggioso?"

"What do you mean?" asked Kid, suddenly rising and coming up to the consul.

"Are you ready to accept any job?" asked Thacker.

"Cosa intende dire?" chiese Kid, alzandosi improvvisamente e avvicinandosi al console.

"Sei pronto ad accettare qualsiasi lavoro?" chiese Thacker.

"I must tell you, said Kid, "that I took part in a little quarrel in Laredo and killed a man. As I was afraid that his friends would avenge his death, I was compelled to leave the place and come here. So you see that I am ready to take any work."

108

"Le devo dire," disse Kid, "che ho preso parte in un piccolo litigio a Laredo e ho ucciso un uomo. Siccome avevo paura che i suoi amici volessero vendicare la sua morte, sono stato costretto a lasciare il paese e venire qui. Quindi, come può vedere sono pronto ad accettare qualsiasi lavoro."

Thacker got up and closed the door.

"Show me your hand," he said. He took Kid's left hand and examined the back of the hand very carefully.

Thacker si alzò e chiuse la porta.

"Mostrami la tua mano," disse. Prese la mano sinistra di Kid e esaminò il dorso della mano attentamente.

"I can do it," he said, "your hand will heal in a week."

"What do you mean?" asked Kid.

"Lo posso fare," disse, "la tua mano guarirà in una settimana."

"Cosa intende dire?" chiese Kid.

Through the window Thacker pointed to a rich white house standing among tropical trees.

Attraverso la finestra, Thacker indicò una casa bianca di ricchi che si trovava in mezzo agli alberi tropicali.

"In that house," said Thacker, "an old gentleman and his wife are waiting for you; they will fill your pockets with money. Old Santos Urique lives there. He owns half the gold mines in the country."

"In quella casa," disse Thacker, "un vecchio signore e sua moglie ti stanno aspettando; riempiranno le tue tasche di soldi. Il vecchio Santos Urique vive là. Possiede metà delle miniere d'oro di questo paese."

"A you drunk?" asked Kid.

"Sit down and I'll tell you everything.

"È ubriaco?" chiese Kid.

"Siediti e ti racconterò tutto."

"Twelve years ago the old gentleman and his wife lost their only son. He was eight years old. Some Americans, who were looking for gold and who often visited the Uriques, told the boy a lot of wonderful things about the States; and a month later the boy disappeared.

"Dodici anni fa il vecchio signore e sua moglie persero il loro unico figlio. Aveva otto anni. Alcuni americani, che cercavano l'oro e che visitavano spesso gli Uriques, raccontarono al bambino un sacco di cose meravigliose sugli Stati Uniti; e un mese più tardi il bambino sparì.

It was said that he was seen once in Texas. The Uriques looked for him everywhere, they spent a lot of money, but in vain.

Venne detto che era stato visto una volta nel Texas. Gli Uriques lo cercarono ovunque, spesero molto denaro, ma invano.

"The mother was quite ill. They say she believes that her son will come back and they never given up hope. On the back of the boy's left hand was tattooed flying eagle."

"La madre era molto ammalata. Dicono che lei creda che suo figlio ritornerà e non hanno mai perso la speranza. Sul dorso della mano sinistra del bambino era tatuata un'aquila in volo."

Kid answers nothing.

Kid non rispose nulla.

"I can do it," continued the consul, "and in a week you will have the eagle tattooed on your hand. I'll call old Urique and when he sees that you have the tattoo mark, that you speak Spanish and can tell him about Texas, the parents will be happy.

"Posso farlo," continuò il console, *"e in una settimana avrai l'aquila tatuata sulla mano. Chiamerò il vecchio Urique e quando vedrà che hai il segno del tatuaggio, che parli lo spagnolo e che sai raccontargli del Texas, i genitori saranno felici.*

The rest of it is very simple. Old Urique keeps in his house about 100,000 dollars in a safe which a child can open. Get the money, we'll divide it, take a steamer going to Rio Janeiro and let the consulate go to pieces. What do you think of it?"

Il resto è molto semplice. Il vecchio Urique tiene in casa circa 100,000 dollari in una cassaforte che anche un bambino saprebbe aprire. Prendi i soldi, li divideremo, prendi una nave a vapore diretta verso Rio Janeiro e lascia che il consolato vada a pezzi. Che ne pensi?"

"I like your plan," said Kid.

In a few days the tattoo on Kid's left hand was ready and the hand healed.

"Mi piace il suo piano," disse Kid.

Dopo alcuni giorni, il tatuaggio sulla mano sinistra di Kid era pronto e la mano era guarita.

Then the consul wrote the following note to old Urique:

Poi il console scrisse la seguente nota al vecchio Urique:

"Dear Mr Urique,

I have the pleasure to inform you that I have a guest in my house who arrived from the United States a few days ago. I think that he is your son and that he intended to return to you, but at the last moment his courage left him because he doesn't know how you will receive him.

Yours faithfully,
Thomson Thacker."

"Egregio Signor Urique,

Ho il piacere di informarla che ho un ospite in casa mia arrivato dagli Stati Uniti alcuni giorni fa. Penso che lui è vostro figlio e che avesse intenzione di ritornare da voi, ma all'ultimo momento il suo coraggio lo ha abbandonato perché non sa come lo riceverete.

Cordiali saluti,
Thomson Thacker."

In thirty minutes a carriage drove up to the door of the consulate.

A tall man with white hair and a lady dressed in black got out of it. Thacker met them with the bow.

Dopo trenta minuti una carrozza arrivò fino alla porta del consolato.

Un uomo alto con i capelli bianchi e una signora vestita di nero uscirono dalla carrozza. Thacker li salutò con l'inchino.

They saw a young man with a sunburnt face standing near a desk.

Videro un giovane con il volto bruciato dal sole in piedi vicino alla scrivania.

Donna Urique glanced at his face and his left hand, and crying:"O, my son!" she wrapped Kid in her arms.

Donna Urique guardò il suo volto e la sua mano sinistra, e piangendo disse: "Oh, mio figlio!" avvolse Kid tra le sue braccia.

A month later Kid came to the consulate in answer to a message from Thacker. He was very well dressed and a big diamond shone on his finger.

Un mese più tardi, Kid è venuto al consolato dopo aver ricevuto un messaggio da Thacker. Era molto ben vestito e aveva un grosso diamante che brillava sul suo dito.

"What is the news?" asked Thacker.

"Nothing new." answered Kid.

"Quali notizie ci sono?" chiese Thacker.

"Niente di nuovo." Rispose Kid.

"It is time to start business. Why don't you get the money? Everybody knows that Urique's safe is full of money."

"È ora di iniziare gli affari. Perché non prendi i soldi? Tutti sanno che la cassaforte di Urique è piena di soldi."

"Oh, there is a lot of money in the house," said Kid, looking at his diamond. "And my adopted father has shown me where the key of the safe is."

"Oh, ci sono molti soldi in casa," disse Kid, guardando il suo diamante. "E il mio padre adottivo mi ha mostrato dove si trova la chiave della cassaforte."

"Well, then, what are you waiting for?" asked Thacker angrily. "Don't forget that I can tell Don Urique and everybody who you really are."

"Bene, allora, cosa stai aspettando?" chiese Thacker con rabbia. "Non dimenticarti che posso dire a Don Urique e a tutti chi sei realmente."

"Listen, said Kid. "When you speak to me, address me as Don Francisco Urique. As to my father's money, let him have it. I don't intend to take it."

"Ascolta," disse Kid. "Quando mi parli, rivolgiti a me come Don Francisco Urique. Per quanto riguarda il denaro di mio padre, lascialo a lui. Non ho intenzione di prenderlo."

"Don't you intend to give me my half then?"

"Non hai intenzione di darmi la metà allora?"

"Of course not," answered Kid, "and I'll tell you why. The first night I was at Don Urique's house, just after I had gone to bed, my new mother came in and tucked in the blanket. 'My dear boy', she said, and tears dropped from her eyes on my face.

"Certo che no," rispose Kid, "e ti dirò il perché. La prima sera che mi trovai a casa di Don Urique, subito dopo essere andato a letto, la mia nuova madre è entrata e mi ha rimboccato le coperte. "Mio caro ragazzo", disse, con le lacrime che le scendevano dagli occhi cadendo sul mio viso.

I have had very little to do with mothers in my life, but I think that this mother must be kept fooled. She stood it once, but she won't stand it twice. That's why things must be just as they are. And don't forget that my name is Don Francisco Urique."

Ho avuto poco a che fare con le madri nella mia vita, ma penso che è meglio continuare ad ingannare questa madre. Lo ha sopportato una volta, ma non lo sopporterebbe la seconda. Ecco perché le cose devono rimanere così come sono. E non dimenticare che il mio nome è Don Francisco Urique."

"I'll tell everybody today who you really are," cried Thacker, red with anger.

"Dirò a tutti chi sei realmente," urlò Thacker, rosso dalla rabbia.

Kid took Thacker by the throat with his strong left hand, drew out his revolver with his right hand and aimed the revolver at the consul's mouth.

Kid prese Thacker per la gola con la sua forte mano sinistra, prese il suo revolver con la mano destra e lo puntò alla bocca del console.

There came a sound of wheels from outside. Kid put his revolver into his pocket, and holding up his left hand with its back toward the trembling consul said:

Si sentì un rumore di ruote giungere dall'esterno. Kid mise il suo revolver in tasca, e alzando la mano sinistra con il dorso rivolto verso il console tremante, disse:

"There is one more reason why things must remain as they are. The fellow whom I killed in Laredo had an eagle on his left hand."

"C'è un altro motivo perché le cose devono rimanere così come sono. La persona che ho ucciso a Laredo aveva un'aquila sulla mano sinistra."

At that moment the carriage of Don Urique stopped at the door of the consulate.

"Where are you, dear son?" called Donna Urique.

In quel momento la carrozza di Don Urique si fermò davanti alla porta del consolato.

"Dove sei, mio caro figlio?" chiamò Donna Urique.

"I am here, dear mother," answered Kid, or, as Thacker has ever since called him, Don Francisco Urique.

"Sono qui, cara mamma," rispose Kid, o, come lo ha sempre chiamato Thacker da allora, Don Francisco Urique.

Key Vocabulary:

- o **imbroglione** *s.m.* [im-bro-glió-ne] – deceiver, crook, impostor.
- o **matricolato** *agg.* [ma-tri-co-là-to] – out-and-out, downright, arrant.
  un imbroglione ~ – an arrant/an out-and-out deceiver.

- *fatto* s.m. [fàt-to] – fact; event, affair.
- *litigare* v.intr. [li-ti-gà-re] – to argue, to quarrel (over sth).
  litigio s.m. [li-tì-gio] – quarrel, dispute, argument.
- *più o meno* – more or less.
- *sfiorare* v.tr. [sfio-rà-re] – to graze, to skim (over); to touch lightly.
- *superare* v.tr. [su-pe-rà-re] – to surpass; to exceed; to overtake.
- *un buon tiratore* – a good shot.
- *provenire* v.intr. [pro-ve-nì-re] – to come from; to derive.
- *sellare* v.tr. [sel-là-re] – to saddle. *~ i cavalli* – to ~ the horses; (*sella* s.f. – saddle; *~to* – saddled).
- *riva* s.f. [rì-va] – shore (sea, lake); bank (river).
- *imbarcarsi* v.rf. [im-bar-càr-si] – to board, to step aboard; to embark.
- *nave* s.f. [nà-ve] – ship, boat.
  nave a vapore – steamer.
- *metà* s.f. [me-tà] – half; middle.
- *ubriaco* agg.|s.m. [u-bri-à-co] – drunk (intoxicated); drunk person.
- *solito* agg. [sò-li-to] – usual; *di ~* – usually.
- *lieto* agg. [liè-to] – glad, pleased.
- *pensiero* s.m. [pen-siè-ro] – thought.
  ~so agg. – thoughtful, pensive.
- *sembrare* v.intr. [pa-ré-re] – to seem, to look (like), to appear.
- *intendere* v.tr. [in-tèn-de-re] – to intend, to mean.
- *siccome* cong. [sic-có-me] – as, since.
- *guarire* v.intr. [gua-rì-re] – to heal; to recover.
- *attraverso* prep. [at-tra-vèr-so] – across; through.
- *trovare* v.tr. [tro-và-re] – to find; to locate.
- *miniera* s.f. [mi-niè-ra] – mine.
  miniera di carbone| d'oro / coalmine| goldmine.
- *ovunque* avv. [o-vùn-que] – everywhere, anywhere. (syn. *dovunque*).
- *spendere* v.tr. [spèn-de-re] – to spend.
- *dorso* s.m. [dòr-so] – back (of body, hand, book etc.).
- *aquila* s.f. [à-qui-la] – eagle.

- *volare* v.intr. [vo-là-re] – to fly.
  volo s.m. [vó-lo] – flight.
- *raccontare* v.tr. [rac-con-tà-re] – to tell, to narrate;
- *dividere* v.tr. [di-vì-de-re] – to divide, to split.
- *piano* s.m. [pià-no] – 1. floor, story.
  abitare al terzo piano / to live on the third floor.
  – 2. plan, scheme. *i piani per il futuro* / plans for the future.
- *abbandonare* v.tr. [ab-ban-do-nà-re] – to abandon; to leave.
- *bruciare* v.tr. [bru-cià-re] – to burn; to set (sth) on fire.
  ~to – burnt, burned.
- *piangere* v.intr. [pià-n-ge-re] – to cry.
- *avvolgere* v.tr. [av-vòl-ge-re] – to wrap (up); to enfold.
- *brillare* v.intr. [bril-là-re] – to shine, to sparkle.
- *rimboccare* v.tr. [rim-boc-cà-re] – to tuck in; to roll up.
- *ingannare* v.tr. [in-gan-nà-re] – to deceive, to fool.
- *giungere* v.intr. [giùn-ge-re] – to arrive, to come, to reach.
- *esterno* agg. [e-stèr-no] – outside, external; outer.

8. **The happiest man on Earth** *(after A. Maltz)* / L'uomo più Felice sulla Terra

Jesse felt ready to weep. He had been sitting at the office waiting for Tom. He was grateful for the chance to rest a little imagining with joy the moment when Tom would say, "Sure, Jesse, you can start working whenever you're ready!"

Jesse era pronto a scoppiare in lacrime. Era rimasto seduto tutto il giorno in ufficio ad attendere Tom. Era grato per l'opportunità di poter riposare un po' immaginando con gioia il momento in cui Tom avrebbe detto, "Certo Jesse, puoi iniziare a lavorare appena sei pronto!"

For two weeks he have been wandering from Kansas City, Missouri, to Oklahoma, through night of rain and a week of burning sun, without sleep or a decent meal, waiting for that one moment.

Per due settimane aveva camminato da Kansas City, Missouri, fino in Oklahoma, tra notti di pioggia ed una settimana di sole cocente, senza riposo o pasti decenti, in attesa di quel momento.

And then Tom had come into the office. He walked in quickly holding some papers in his hands; he had glanced at Jesse and turned away. He had not recognized him... And Tom Brackett was his brother-in-law.

E Tom era arrivato in ufficio. Entrò velocemente con delle carte tra le mani; aveva dato uno sguardo a Jesse e si era girato. Non lo aveva riconosciuto... E Tom Brackett era suo cognato.

Was it because of his clothes? Jesse knew he looked terrible. He had tried to wash at the fountain in the park, but that did not help much.

Era a causa dei vestiti? Jesse sapeva di avere un aspetto orribile. Aveva provato a lavarli alla fontana nel parco, ma non era stato di grosso aiuto.

118

In his excitement he had cut himself while shaving and now there was a deep scar across his cheek. And he could not shake all dust out of his shabby suit. Or was it just because he had change too much?

Nel suo entusiasmo si era tagliato mentre si faceva la barba e ora c'era una profonda cicatrice sulla sua guancia. E non riusciva a scuotere la polvere dal suo squallido vestito. O era solo perché aveva cambiato troppo?

It's true, they hadn't seen each other for five years, but Tom looked five years older, and that was all. He was still Tom. God! Did he look so different now?

E' vero, non si vedevano da cinque anni, ma Tom sembrava di cinque anni più vecchio, e basta. Era sempre Tom. Dio! Aveva un aspetto così diverso adesso?

Brackett finished his telephone call. He leaned back in his chair and glanced at Jesse with his small, clear blue eyes that were suspicious and unfriendly.

Brackett finì la sua telefonata. Si appoggiò sulla sua sedia e diede uno sguardo a Jesse con i suoi piccoli, chiari occhi azzurri, sospetti e poco amichevoli.

He was a stout man of forty-five, with dark hair and a determined face; his nose was reddish at the tip. He looked like a solid, decent, capable business man, which he really was.

Era un uomo corpulento di quarantacinque anni, dai capelli scuri e il volto determinato; il suo naso era rossastro alla punta. Aveva l'aspetto di un uomo d'affari solido, onesto, capace, e lo era.

He examined Jesse with cold indifference, unwilling to waste time on him.

"Yes?" Brackett said suddenly. What do you want?" His voice was decent, Jesse thought. He had expected that it would be worse.

Esaminò Jesse con fredda indifferenza, non disposto a sprecare del tempo con lui.

"Sì?" Brackett disse improvvisamente. "Cosa vuoi?" La sua voce era buona, Jesse pensò. Si aspettava fosse peggiore.

He moved up to the wooden counter that divided the office into two parts. He thrust a hand nervously through his hair. "I guess you don't recognize me, Tom," he hesitated for a moment, "I am Jesse Fulton."

Si mosse al bancone in legno che divideva l'ufficio in due parti. Passò nervosamente una mano tra i suoi capelli. "Credo tu non mi abbia riconosciuto, Tom," esitò per un momento, "Sono Jesse Fulton."

"What?" Brackett said. And that was all.

"Yes, I am, and Ella sends you her love."

"Cosa?" Brackett disse. Nient'altro.

"Sì, sono io, ed Ella ti manda il suo affetto."

Brackett rose and walked over the counter until they were face to face. He stared at Fulton again, trying to measure the resemblance to his brother-in-law as he remembered him.

Brackett si alzò e si avvicinò al bancone fino a quando i due si trovarono faccia a faccia. Osservò di nuovo Fulton, cercando di misurarne la somiglianza col cognato che lui ricordava.

This man was tall, about thirty years old. That corresponded! He had straight good features and an erect body. That was right too. But the face was too tired and exhausted, the body was too thin. His brother-in-law had been a solid, strong young man.

Quest'uomo era alto, di circa trent'anni. Questo corrispondeva! Aveva dei bei lineamenti ed un corpo diritto. Anche questo era giusto. Ma il viso era troppo stanco ed esausto, il corpo era troppo magro. Suo cognato era un giovane solido e forte.

Now it seemed to Brackett that he was looking at a faded, badly taken photograph trying to recognize the original; the similarity was there but the difference was tremendous.

Ora a Brackett sembrava di guardare una fotografia sfumata, scattata male, mentre cercava di riconoscere l'originale; la somiglianza era lì ma la differenza era tremenda.

He looked into Jesse's eyes. They certainly seemed familiar, grey with a shy but honest look in them.

Guardò negli occhi di Jesse. Sembravano certamente familiari, grigi e dall'aria timida ma onesta.

Jesse stood quiet. Inside he was burning with rage. Brackett was like a man examining an exhausted horse; there was a look of pure pity in his eyes. It made Jesse furious. He knew he was not as bad as that.

Jesse era immobile. All'interno esplodeva di rabbia. Brackett era come un uomo che ispezionava un cavallo esausto: c'era pura pietà nei suoi occhi. Ciò rendeva Jesse furioso. Sapeva di non essere ridotto così male.

"Yes, I believe you are," Brackett said finally, "but you've certainly changed."

"Sì, ti credo, sei tu," Brackett disse finalmente, "ma sei cambiato tanto."

"Sure I have, it's been five years, isn't it?" said Jesse feeling hurt. "And you only saw me a couple of times." Then he said to himself, "What if I have changed? Doesn't everybody change? I am not a corpse."

"Certo, sono passati cinque anni, non è vero?" disse Jesse dispiaciuto. "E mi hai visto solo qualche volta." Quindi disse a sé stesso, "E che fa se sono cambiato? Non cambiano tutti? Non sono mica un cadavere."

"You were strong and healthy," Brackett continued softly, in the same tone of wonder. "You lost weight, I guess?"

"Eri forte e in salute," Brackett continuò dolcemente, nello stesso tono meravigliato. "Avrai perso peso, forse?"

Jesse kept silent. He had to use all his effort not to boil over. But it was only by great effort that he could control himself.

Jesse rimase in silenzio. Doveva mettercela tutta per non esplodere. Ma riuscì a controllarsi con grande sforzo.

The pause extended, became painful. Brackett flushed.

La pausa si allungò, diventando dolorosa. Brackett arrossì.

"Excuse me," he said, lifting the counter. "Come in. Take a seat. Good God, boy" – he grasped Jesse's hand and shook it. "I am glad to see you; don't think anything else! You just looked so exhausted..."

"Scusami," disse, alzando il bancone. "Entra. Siediti. Santo Cielo, ragazzo" – prese la mano di Jesse e la strinse. "Sono così felice di vederti; non pensare a nient'altro! Avevi solo un aspetto così esausto..."

"It's all right," Jesse murmured. He sat down, running his hand through his curly uncombed hair.

"Why are you limping?"

"Va tutto bene," mormorò Jesse. Si sedette, passando la mano tra i suoi ricci e spettinati capelli.

"Perché zoppichi?"

"I stepped on a sharp stone; it made a hole in my shoe." Jesse pulled his feet back under the chair. He was ashamed of his shoes. Two weeks on the road had almost ruined them.

*"Ho calpestato una pietra affilata, ha bucato la mia scarpa."
Jesse nascose i piedi sotto la sedia. Si vergognava delle sue scarpe.
Due settimane per strada le avevano quasi distrutte.*

All morning he had been dreaming that before buying
anything else, before even a suit, he would buy himself a strong new
pair of shoes.

*Per tutta la mattina aveva sognato che prima di ogni altra
cosa, anche prima di un vestito, si sarebbe comprato un nuovo paio
di scarpe forti.*

Brackett kept his eyes off Jesse's feet. He knew what was
troubling the young man and it filled his heart with pity. The whole
thing was terrible.

*Brackett evitò di guardare i piedi di Jesse. Sapeva cosa
tormentava il giovane e ciò gli riempiva il cuore di pietà. Tutto
questo era terribile.*

He had never seen anyone who looked more miserable. His
sister had been writing to him every week, but she had not told him
they were as poor as that.

*Non aveva mai visto nessuno dall'aspetto più miserabile.
Sua sorella gli scriveva ogni settimana, ma non aveva mai detto
che fossero così poveri.*

"Well," Brackett began, "tell me everything, how's Ella?"

"Oh, she's quite all right," Jesse replied absently. He had a
soft, pleasant, somewhat shy voice and soft grey eyes. He did not
know how to start.

"Beh," inizio Brackett, "dimmi tutto, come sta Ella?"

*"Oh, sta bene," Jesse rispose distrattamente. Aveva una voce
leggera, piacevole, a volte timida e dei delicati occhi grigi. Non
sapeva da dove iniziare.*

"And the kids?"

"E i bambini?"

"Oh, they're fine... Well, you know," Jesse added becoming more attentive, "the young one has to wear a brace. Unfortunately he can't run around. But he's smart. He draws pictures and he does everything very well, you know."

"Oh, stanno bene... Beh, sai," Jesse aggiunse diventando più attento, "il più giovane deve indossare un sostegno. Non può correre, purtroppo. Ma è intelligente. Disegna le immagini e fa tutto molto bene, devo dire."

"Yes," Brackett said. "That's good."

He hesitated. There was a moment of silence. Jesse turned uneasily in his chair. Now that the time had arrived, he felt awkward.

"Si," disse Brackett. "Molto bene."

Esitò. Ci fu un momento di silenzio. Jesse divenne inquieto sulla sedia. Ora che il momento era arrivato, si sentiva a disagio.

Brackett leaned forward and put his hand on Jesse's knee. "Ella didn't tell me things were so bad for you, Jesse. I might have helped."

Brackett si chinò in avanti e mise la mano sul ginocchio di Jesse. "Ella non mi ha mai detto che le cose erano così difficili per voi, Jesse. Avrei potuto aiutare."

"Well," Jesse said softly, "you've been having your own troubles, haven't you?"

"Beh," Jesse rispose con calma, "hai avuto anche tu i tuoi problemi, non è vero?"

"Yes," Brackett leaned back. His face grew dark. "You know I lost my hardware shop?"

"Si," Brackett si appoggiò all'indietro. Il suo volto si incupì. "Sapevi che ho perso il mio negozio di ferramenta?"

"Well, sure," Jesse answered surprised. "You wrote us. That's what I mean."

"Beh, certo," Jesse rispose sorpreso. "Ce lo hai scritto. E' questo che intendo."

"I forgot," Brackett said. "I still keep on being surprised at it myself. But it wasn't worth much," he added bitterly. "The business was going down for three years. I guess I just wanted it because it was mine." He laughed aimlessly.

"Dimenticavo," disse Brackett. "Continuo ancora a esserne sorpreso. Ma non valeva molto," aggiunse amaramente. "Gli affari stavano crollando da tre anni. Credo lo volessi solamente perché era mio." Rise senza motivo.

"Well, tell me about yourself," he asked. What happened to job you had?"

Jesse was silent. "It isn't you and Ella?" Brackett continued anxiously.

"Beh, dimmi di te," chiese. "Cosa è successo al lavoro che avevi?"

Jesse era silenzioso. "Non siete tu ed Ella?" Brackett continuò ansiosamente.

"Oh, no," exclaimed Jesse. "What made you think so? Ella and me..."he stopped, laughing, "Tom, dear, I'm just crazy about Ella. She's just so wonderful! She's my whole life, Tom."

"Oh, no," esclamò Jesse. "Cosa te lo faceva pensare? Ella ed io..."si fermò, ridendo, "Tom, caro, io sono pazzo di Ella. E' straordinaria! Lei è tutta la mia vita, Tom."

"Excuse me. Forget it." Brackett said turning away. The young man's love for his wife had upset him. He wished he could do something for them. They were both too good to suffer so much. Ella was like this boy too, shy and soft.

"Scusami. Lascia perdere." Brackett disse girandosi. L'amore del giovane per sua moglie lo aveva sconvolto. Avrebbe voluto poter fare qualcosa per loro. Erano entrambi troppo buoni per soffrire così tanto. Ella era proprio come questo ragazzo, timida e dolce.

"Tom listen," Jesse said, "I've come here on purpose. I want you to help me."

"Tom ascolta," disse Jesse, "Sono venuto qui di proposito. Vorrei che tu mi aiutassi."

"Damn it, boy," Brackett said. He has been expecting this. "I can't do much. I only get thirty-five dollars a week and I'm grateful for it."

"Dannazione, ragazzo," rispose Brackett. Se lo aspettava. "Non posso fare molto. Ricevo solo trentacinque dollari a settimana e sono grato per questo."

"Sure, I know," Jesse exclaimed. He was feeling once again the wild anxiety that had possessed him in early hours of the morning.

"Certo, lo so," Jesse esclamò. Sentiva ancora una volta l'ansia selvaggia che lo aveva posseduto nelle prime ore della mattina.

"I know you can't help us with money! But we met a man who works for you! He was in our city! He said you could give me a job!"

"So che non puoi aiutarci coi soldi! Ma abbiamo incontrato un uomo che lavora per te! Era nella nostra città! Ha detto che tu avresti potuto darmi un lavoro!"

"Who said?" asked Tom.

"Oh, why didn't you tell me?" Jesse cried out. "As soon as I heard it I decided to talk to you. For two weeks I've been walking like mad."

"Chi lo ha detto?" chiese Tom.

"Oh, perché non me lo hai detto?" Jesse esclamò. "Ho deciso di parlare con te subito dopo averlo sentito. Per due settimane ho camminato come un pazzo."

Brackett groaned. "You've been walking from Kansas City for two weeks because I could give you a job?"

"Sure, Tom. What else could I do?"

Brackett si lamentò. "Ti sei incamminato da Kansas City per due settimane perché io ti potessi dare un lavoro?"

"Certo, Tom. Cos'altro dovrei fare?"

"My God, there aren't any jobs, Jesse! It's a bad season, there are a lot of unemployed everywhere. And you don't know this oil business. It's special. I've got some friends here but they can't do anything now. Don't you think I would tell you as soon as there was a chance?"

"Mio Dio, non c'è alcun lavoro, Jesse! E' una cattiva stagione, ci sono tantissimi disoccupati ovunque. E non lo conosci questo business dell'olio. E' speciale. Ho alcuni amici qui ma non possono fare nulla ora. Non credi che te l'avrei detto non appena se ne fosse presentata l'opportunità?"

Jesse was struck. That was a blow for him! The hope of the last two weeks seemed to be gone... Then, like a madman, he cried:

Jesse era colpito. Era un brutto colpo! La speranza delle ultime due settimane sembrava persa... Quindi, come un folle, esclamò:

"But listen, this man said you could hire people! He told me! He drives trucks for you! He said you always need men!"

"Ma ascolta, quest'uomo ha detto che potevi assumere delle persone! Me lo ha detto! Guida camion per te! Ha detto che tu hai sempre bisogno di uomini!"

"Oh!.. You mean my department?" Brackett said in a low voice.

"Yes, Tom. That's it!"

"Oh! Intendi il mio dipartimento?" Brackett disse con voce bassa.

"Sì, Tom. Questo!"

"Oh, no you can't want to work in my department," Brackett told him in the same low voice. "You don't know what it is."

"Oh, no non puoi voler lavorare nel mio dipartimento," Brackett gli disse con la stessa voce bassa. "Non sai di che si tratta."

"Yes, I do," Jesse insisted. "He told me all about it, Tom. You're a dispatcher, aren't you? You send the dynamite trucks out?"

"Sì, lo so," Jesse insistette. "Mi ha detto tutto, Tom. Sei un distributore, non è vero? Mandi in giro i camion di dinamite?"

"Who was the man, Jesse?"

"Everett, Everett, I think."

"Chi era quell'uomo, Jesse?"

"Everett, Everett, penso."

"Egbert? A man of about my size?" Brackett asked slowly.

"Yes, Egbert. He wasn't a liar, was he?"

"Egbert? Un tipo della mia stazza?" chiese Brackett lentamente.

"Sì, Egbert. Non avrà mentito, vero?"

Brackett laughed. "No, he wasn't a liar." Then in a changed voice he added: "Jesse, my boy, you should have asked me before you started off."

Brackett rise. "No, non ha mentito." Quindi, con voce diversa, aggiunse:
"Jesse, ragazzo mio, avresti dovuto chiedermelo prima di incamminare."

"Oh, I didn't want to," Jesse explained. "I knew you'd say 'no'! He told me it was risky work, Tom. But I don't care."

"Ma non volevo," Jesse spiegò. "Sapevo che avresti detto 'no'! Mi aveva detto che era un lavoro rischioso, Tom. Ma non mi importa."

Brackett face grew harder. "I'm going to say 'no' anyway, Jesse."

La faccia di Brackett si fece più dura. "Ti dirò comunque di 'no', Jesse."

Jesse was struck. It had not occurred to him that Brackett would not agree. It had seemed to him that reaching Tom's office was the only problem he had to face. "Oh, no," he begged, "you can't refuse me. Aren't there any jobs, Tom?"

Jesse era colpito. Non immaginava che Brackett potesse non essere d'accordo. A lui sembrava che raggiungere l'ufficio di Tom sarebbe stato l'unico problema da affrontare. "Oh, no," pregò, "non puoi rifiutarmi. Non ci sono proprio lavori, Tom?"

"Sure, there are jobs. There's even Egbert's job if you want it."

"Has he left?"

"He's dead..."

"Oh!"

"Certo, ci sono i lavori. Ci sarebbe anche il lavoro di Egbert se lo vuoi."

"Se ne è andato?"

"E' morto..."

"Oh!"

"He died on the job, Jesse. Last night if you want to know."

"Oh! Then I don't care!"

"E' morto sul posto di lavoro, Jesse. Ieri notte se proprio vuoi saperlo."

"Oh! Beh, non mi importa!"

"Now you listen to me," Brackett said. "I'll tell you a few things that you should have asked before you started off. It isn't dynamite you drive. They don't use anything as safe as dynamite for drilling wells. They wish they could, but they can't. It's nitroglycerine!"

"Ora devi ascoltarmi," disse Brackett. "Ti dirò alcune cose di cui avresti dovuto chiedere prima di incamminare. Non è dinamite quella che trasporti. Non usano cose sicure come la dinamite per scavare i pozzi. Vorrebbero, ma non possono. E' nitroglicerina!"

"But I know," Jesse told him quietly. "He warned me, Tom. Don't think that I don't know."

"Ma lo so," gli disse tranquillamente Jesse. "Mi ha avvisato, Tom. Non credere che io non sappia."

"Shut up a minute," Brackett ordered angrily. "Listen! You just have to look at this stuff. Raise your voice and it blows up! You know how they transport it?"

"Stai zitto un attimo," Brackett ordinò arrabbiato. "Ascolta! Dovresti solo darci una occhiata. Alzi la voce e salta tutto in aria! Sai come lo trasportano?"

"Listen, Tom."

"Ascolta, Tom."

"Now, wait a minute, Jesse. For God's sake, just think a little. I know you need a job and need it badly! You have to work, but you must understand. This stuff is transported only in special trucks! At night! They take it along the special route!

"Ora, aspetta un minuto Jesse. Per l'amor di Dio, pensaci su un attimo. So che hai per forza bisogno di un lavoro! Devi lavorare, ma devi anche capire. Questa è roba è trasportata solo in camion speciali! Di notte! E' portata sui percorsi speciali!

They can't go through any city! If they have to stop they must do it in a special garage! Don't you understand what that means? Does not that tell you how dangerous that is?"

Non possono passare da nessuna città! Se devono fermarsi devono farlo in un garage speciale! Non capisci cosa significa? Non ti dice niente tutto questo su quanto sia pericoloso?"

"I'll drive carefully," Jesse said. "I know how to handle a truck. I'll drive slowly." Brackett groaned. "Do you think Egbert didn't drive carefully or know how to handle a truck?"

"Guiderò con prudenza," disse Jesse. "So come si guida un camion. Guiderò lentamente." Brackett si lamentò. "Pensi che Egbert non abbia guidato con prudenza o non sapesse come gestire un camion?"

"Tom," Jesse said passionately, "you can't make me change my mind. Egbert said he was getting a dollar per mile. He was making from five to six hundred dollars a month for half a month's work, he said. Can I get the same?"

"Tom," Jesse disse ardentemente, "non mi farai cambiare idea. Egbert disse che prendeva un dollaro al miglio. Guadagnava dai cinquecento ai seicento dollari al mese per il lavoro di una metà del mese, mi ha detto questo. Potrei avere la stessa somma?"

"Sure you can get the same," Brackett told him angrily. "A dollar per mile. It's easy to say. But why do you think the company has to pay so much?

"Certo che puoi," Brackett rispose arrabbiato. "Un dollaro al miglio. E' facile da dire. Ma perché pensi che la compagnia debba pagare così tanto?

It's easy – until you drive over a stone in the dark, like Egbert did, or a tire blows out, or any other thing happens that nobody ever knows! We can't ask Egbert what happened to him. There's no truck, no corpse. There's nothing!

È facile – fino a quando si guida su una pietra nel buio, come ha fatto Egbert, o una gomma esplode, o qualsiasi altra cosa che nessuno saprà mai! Non possiamo chiedere a Egbert cosa gli è accaduto. Non c'è camion, non c'è cadavere. Non c'è niente!

Maybe tomorrow somebody will find a piece of steel left from the destroyed truck. But we never find the driver. Not even a finger nail. All we know that he does not come next day. You know what happened last night?

Forse domani qualcuno troverà un pezzo di ferro del camion distrutto. Ma non troviamo mai il guidatore. Nemmeno un'unghia. Tutto ciò che sappiamo è che non si presenta al lavoro il giorno dopo. Sai cosa è successo ieri notte?

Something went wrong on the bridge. Maybe Egbert was nervous. Maybe his truck ran over a stone. Only, there's no bridge any more. No truck. No Egbert. Do you understand now? That's what you get for your dollar a mile!"

Qualcosa è andato storto sul ponte. Forse Egbert era nervoso. Forse il suo camion aveva guidato su una pietra. Solo che non c'è più alcun ponte. Niente camion. Niente Egbert. Hai capito ora? Questo è quello che si fa per un dollaro al miglio!"

There was a moment of silence. Jesse's face was pale. Then he shut his eyes and spoke in a low voice.

Ci fu un momento di silenzio. Il volto di Jesse era pallido. Poi chiuse gli occhi e disse con voce bassa.

"I don't care about that, Tom. You told me all. Now you must be good to me and give me the job."

Brackett rose from his chair. "No!" he cried.

"Non mi importa, Tom. Mi hai detto tutto. Ora devi essere buono con me e darmi il lavoro."

Brackett si alzò dalla sua sedia. "No!" urlò.

"Listen, Tom," Jesse said calmly, "You just don't understand." He opened his eyes. They were filled with tears.

"Ascolta, Tom," disse Jesse con calma, "Tu non capisci." Aprì gli occhi. Erano pieni di lacrime.

"Just look at me, Tom. Doesn't that tell you enough? What did you think of me when you first saw me? You thought: 'Why doesn't that beggar go away, what does he want here?'

"Guardami, Tom. Non ti dice nulla nemmeno questo? Che cosa hai pensato di me appena mi hai visto? Avrai pensato: 'Ma perché non se ne va, quel mendicante, che cosa vuole da qui?'

Didn't you think so, Tom? Tom, I just can't live like this anymore. I want to be able to walk down the street with my head up".

Non avrai pensato così, Tom? Tom, io non posso più vivere così. Vorrei poter camminare per la strada con la testa alta".

"You're crazy," Brackett muttered, "Every year one out of five drivers is killed. That's the average. What's worth that?"

"Tu sei pazzo," Brackett mormorò, "Ogni anno un guidatore su cinque rimane ucciso. Questa è la media. Vale qualcosa, questo?"

"Is my life worth anything now? We're just starving at home, Tom. We don't get unemployment relief any longer."

"La mia vita vale qualcosa ora? Stiamo facendo la fame a casa ora, Tom. Non abbiamo più il sussidio di disoccupazione."

133

"Then you should have told me," Brackett exclaimed.

"Avresti dovuto dirmelo," esclamò Brackett.

"It's your own fault; a man has no right to have false pride when his family has nothing to eat. I'll borrow some money and we'll telegraph it to Ella. Then you go home and try to get the unemployment relief."

"È colpa tua; un uomo non ha il diritto di avere un falso orgoglio quando la sua famiglia non ha nulla da mangiare. Mi farò prestare dei soldi e li telegraferemo a Ella. Dopodiché te ne vai a casa e cerchi di riprenderti il sussidio di disoccupazione."

"And then what?"

"And then wait. You aren't an old man. You've got no right to throw your life away. Eventually you'll get a job."

"E poi?"

"E poi aspetti. Non sei un vecchio. Non hai il diritto di buttare via la tua vita. Troverai un lavoro prima o poi."

"No!" Jesse jumped up. "No, I believed that too. But I don't believe it now," he exclaimed passionately. "I will not get a job just as you won't get back your hardware store. I've been getting the relief for six years. I've lost my skill, Tom. Printing is skilled work.

"No!" saltò in piedi Jesse. "No, lo credevo anche io questo. Ma non ci credo più, ora," esclamò appassionatamente. "Non troverò un lavoro esattamente come tu non riavrai il tuo negozio di ferramenta. Sono sei anni che ricevo il sussidio. Ho perso le mie capacità, Tom. La stampa è un lavoro qualificato.

But the only work I've had during this period was carrying stones. When I got a job this spring I was supposed to be a first-class specialist. But I wasn't. And they have new machines now. In a week I was laid off."

Ma l'unico lavoro che ho fatto in questo periodo era trasportare delle pietre. Quando trovai un lavoro in questa primavera avrei dovuto essere uno specialista di prima classe. Ma non lo ero. E adesso hanno nuove macchine. Mi hanno fatto fuori in una settimana."

"So what?" Brackett said. "Aren't there any other jobs?"

"How do I know?" Jesse replied. "There hasn't been one for six years."

"E allora?" disse Brackett. "Non ci sono altri lavori?"

"Come faccio a saperlo?" rispose Jesse. "Non ce n'è stato uno per sei anni."

"Well, you must have some courage," Brackett shouted. "You have to keep up hope."

"Beh, dovresti avere del coraggio," urlò Brackett. "Devi continuare a sperare."

"I have all the courage you want, but no hope. The hope has melted away during these years. You're the only hope I have."

"Ho tutto il coraggio che vuoi, ma non ho speranze. Le speranze si sono dissolte in questi anni. Sei l'unica speranza che mi è rimasta."

"You're crazy," Brackett muttered. "I won't do it. For God's sake think of Ella for a minute."

"Tu sei pazzo," mormorò Brackett. "Non lo farò. Per l'amor di Dio, pensa a Ella un attimo."

"But, I'm thinking of her!" Jesse exclaimed, looking at Brackett in surprise. "That's why I came."

"Ma sto pensando di lei!" Jesse esclamò, guardando Brackett con sguardo sorpreso. "È per questo che sono venuto."

His voice became very soft and he said in a whisper: "The night Egbert was at our house I looked at Ella as if I had seen her for the first time. She isn't pretty anymore, Tom."

La sua voce divenne molto delicata e disse in un sussurro: "La notte in cui Egbert era a casa nostra io guardai Ella come se l'avessi vista per la prima volta. Non è più carina, Tom."

Bracket waved his hands at Jesse and moved away. Jesse followed him, taking a deep breath.

Brackett agitò le mani a Jesse e se ne andò. Jesse lo seguì, facendo un profondo respiro.

"Doesn't that tell you anything, Tom? Ella was like a little doll, you remember. I could not walk down the street without somebody turning to look at her. She isn't twenty-nine yet but she isn't pretty anymore."

"Non ti dice niente questo, Tom? Ella era una bambolina, te la ricorderai. Non potevo camminare per strada senza che qualcuno si girasse per guardarla. Non ha ancora ventinove anni ma non è più carina."

Brackett leaned forward, staring at the floor. Jesse stood over him, his face pale, his lips were trembling.

Brackett si chinò in avanti, guardando il pavimento. Jesse era in piedi davanti a lui, il volto pallido, le sue labbra tremavano.

"I've been a bad husband for Ella, Tom. Ella deserved a better one. This is the only chance I see in my whole life to do something for her. I've just been a failure."

"Sono stato un pessimo marito per Ella, Tom. Ella ne meritava uno migliore. Questa la vedo come l'unica opportunità in tutta la mia vita di fare qualcosa per lei. Finora sono stato solo un fallito."

"Don't talk nonsense," Brackett protested. "You aren't a failure. No more than me. There are millions of men in the same position. It's just the depression or the 'New policy' or…" He cursed.

"Non dire sciocchezze," Brackett protestò. "Non sei un fallito. Non più di me. Ci sono milioni di uomini nella stessa posizione. È solo la depressione o la 'Nuova Politica' o…" imprecò.

"Oh, no," Jesse said, in a knowing sorrowful tone, "maybe those things will excuse other men, but not me. I should have done something for my family, but I didn't. That is my own fault!"

"Oh, no," disse Jesse, con un tono consapevole e triste, "forse queste possono essere scuse per altri uomini, ma non per me. Avrei dovuto far qualcosa per la mia famiglia, ma non l'ho fatto. Ed è colpa mia!"

Brackett muttered something but Jesse could not make out what he said.

Brackett mormorò qualcosa ma Jesse non riuscì a capire cosa aveva detto.

Suddenly Jesse's face turned red. "Well, I don't care!" he cried wildly. "I don't care! You must give me this job!

All'improvviso il volto di Jesse si fece rosso. "Beh, non mi importa!" esclamò selvaggiamente. "Non mi interessa! Devi darmi questo lavoro!

I've suffered enough. You want me to keep looking at my little boy's legs and tell myself if I had a job he wouldn't be like that?

Ho sofferto abbastanza. Tu vuoi che continui a guardare le gambe del mio bambino per poi dire a me stesso che se avessi un lavoro non sarebbe così?

Every time he walks he seems to say 'I have soft bones because you didn't feed me right!' My God, Tom, do you think I'm going to sit there and watch him like that another six years?"

Ogni volta che cammina sembra dire 'Ho le ossa deboli perché tu non mi hai nutrito come si deve!' Mio Dio, Tom, pensi che io stia lì seduto a guardarlo in quelle condizioni per altri sei anni?"

Brackett sprang to his feet. "You say you're thinking of Ella. How will she like it if you are killed?"

Brackett si alzò in piedi. "Dici di avere Ella in mente. Come le piacerà se tu rimarrai ucciso?"

"Maybe I won't," Jesse shouted back. "Then I am! But meantime I'll get something, will I not? I can buy a pair of shoes.

"Forse non accadrà," Jesse rispose. "O forse sì! Ma nel frattempo almeno avrò qualcosa, o no? Potrò comprare un paio di scarpe.

Look at me! I can buy a suit. I can smoke cigarettes. I can buy some candy for the kids. I can eat some myself.

Guardami! Potrò comprarmi un vestito. Potrò fumare le sigarette. Potrò comprare qualche dolciume per i bambini. Potrò mangiarne anche un po' io stesso.

Yes, I want to eat some candy. I want a glass of beer once a day. I want Ella to be dressed decently; I want her to eat meat three time a week, four times maybe. I want to take my family to the movies."

Sì, vorrei mangiare qualche dolciume. Vorrei un bicchiere di birra una volta al giorno. Vorrei che Ella fosse vestita decentemente; vorrei che mangiasse carne tre volte a settimana, forse anche quattro. Vorrei portare la mia famiglia al cinema."

Brackett sat down. "Oh, shut up," he said in a tired voice.

Brackett si sedette. "Oh, stai zitto," disse con un tono stanco.

"No," Jesse told him softly, passionately, "you can't get rid of me. Listen, Tom," he said. "I've thought it all out. If I get six hundred a month look how much can I save!

"No," Jesse rispose dolcemente, appassionatamente, "non ti libererai di me. Ascolta, Tom," disse. "Ho pensato a tutto. Se prendessi seicento al mese guarda quanto potrei risparmiare!

If I last only three months, look how much it is – a thousand dollars – even more! And maybe I'll last longer. Maybe a few years. I can provide Ella for all her life."

Se durassi anche solo tre mesi, guarda quanto è – mille dollari – anche di più! E magari durerò più a lungo. Forse qualche anno. Potrei prendermi cura di Ella per tutta la sua vita."

Brackett interrupted him. "I suppose you think she'll enjoy living when you're on a job like that?"

Brackett lo interruppe. "Immagino tu pensi che a lei piacerebbe vivere con te che fai un lavoro così, non è vero?"

"I've thought of that too," Jesse answered excitedly. "She won't know. I'll tell her I get only forty. You'll put the rest on a bank account for her, Tom."

"Ci ho già pensato," Jesse rispose entusiasta. "Non lo saprà. Le dirò che prendo solo quaranta. Metti il resto in un conto bancario per lei, Tom."

"Oh, shut up," Brackett said. "You think you'll be happy? Every minute, walking and sleeping, you'll be wondering whether tomorrow you'll be dead. And the worst days will be your days off, when you're not driving. You'll be free every other day.

"Ma stai zitto," disse Brackett. "Pensi che sarai felice? Ogni minuto, da sveglio o nel sonno, ti chiederai se domani sarai morto. Ed i giorni peggiori saranno quelli festivi, quando non guiderai. Sarai libero in tutti gli altri giorni.

They have to give you these free days, so that you could recover and be fresh for another day's work.

Devono darteli questi giorni liberi, così da poterti recuperare ed essere fresco per lavorare un altro giorno.

And you'll stay at home waiting for that day and wondering if you'll be killed then. That's how happy you'll be."

E starai a casa ad aspettare che quel giorno arrivi e a chiederti se sarà quello il giorno in cui rimarrai ucciso. Questa sarà la tua felicità."

Jesse laughed. "I'll be happy! Don't worry, I'll be so happy, I'll be singing. Tom, I'll feel proud of myself for the first time in six years!"

Jesse rise. "Sarò felice! Non preoccuparti, sarò felice, canterò. Tom, mi sentirò orgoglioso di me stesso per la prima volta in sei anni!"

"Oh, shut up, shut up," Brackett said. The little office where they were sitting became silent. After a moment Jesse whispered:

"Ma stai zitto, stai zitto," disse Brackett. Il piccolo ufficio dove i due erano seduti divenne silenzioso. Dopo un momento Jesse sussurrò:

"You must let me have this job. You must. You must."

Again there was silence.

"Devi farmi avere questo lavoro. Devi. Devi."

Ancora silenzio.

"Tom, Tom, - "Jesse begged.

Brackett sighed. "All right," he said finally, "I'll take you on. God help me." His voice was low and very tired. "If you're ready to drive tonight, you can drive tonight."

"Tom, Tom, -" Jesse pregò.

Brackett sospirò. "Va bene," disse finalmente, "ti prenderò. Dio mi aiuti." La sua voce era molto bassa e stanca. "Se sei pronto a guidare stanotte, puoi guidare stanotte."

Jesse didn't answer. He couldn't. Brackett looked up. The tears were running down Jesse's face. He was trying to speak but only uttered strange sounds.

Jesse non rispose. Non poteva. Brackett guardò in alto. Le lacrime scorrevano sul volto di Jesse. Provava a parlare ma emetteva solo strani suoni.

"I'll send a telegram to Ella," Bracket said in the same tired voice. "I'll tell her you've got a job, and you'll send her some money in a couple of days so that she may come here. You'll have a few dollars then – that is, if you last a week, you fool."

"Manderò un telegramma a Ella," Brackett disse con la stessa voce stanca. "Le dirò che hai un lavoro, e tu le manderai dei soldi fra qualche giorno così potrà venire qui. Avrai già qualche dollaro allora – cioè, se duri una settimana, stupido."

Jesse only nodded. His heart was beating wildly. One more minute and it would burst, he thought. He pressed both hands against his breast as if he were afraid his heart would jump out.

Jesse annuì solamente. Il suo cuore batteva fortissimo. Ancora un minuto e sarebbe esploso, pensava. Premette entrambe le mani contro il suo petto come se avesse paura che il suo cuore sarebbe saltato fuori.

"Come back here at six o'clock," Brackett said. "Here's some money. Eat a good meal."

"Thanks," Jesse whispered.

"Wait a minute," Brackett said, "Here's my address."

"Torna qui alle sei," disse Brackett. "Ecco dei soldi. Fai un buon pasto."

"Grazie," sussurrò Jesse.

"Aspetta un minuto," disse Brackett, "Ecco il mio indirizzo."

He wrote it on a piece of paper. "Take any streetcar going that way. Ask the driver where to get off. Take a bath and have a good long sleep."

Lo scrisse su un pezzo di carta. "Prendi una qualsiasi tram che va da quelle parti. Chiedi al guidatore dove scendere. Fai un bagno e fatti una lunga dormita."

"Thanks," Jesse said, "thanks, Tom."

"Oh, get out of here," Brackett said.

"Tom!"

"What?"

"Grazie," disse Jesse, "grazie, Tom."

"Oh, esci da qui," Brackett disse.

"Tom!"

"Cosa?"

"I just – "Jesse stopped. Brackett saw his face. The eyes were still full of tears, but the thin face was shining now.

"Io – "Jesse si fermò. Brackett vide il suo viso. Gli occhi erano ancora pieni di lacrime, ma il volto sottile brillava ora.

Brackett turned away. "I'm busy," he said. Jesse went out. Tears blinded him but the whole world seemed to have turned golden. He limped slowly, but his heart was full of strange wild joy.

Brackett si girò. "Sono occupato," disse. Jesse uscì. Le lacrime lo accecavano ma il mondo intero ora gli sembrava fatto di oro. Zoppicava lentamente, ma il suo cuore era pieno di una strana e selvaggia gioia.

"I am the happiest man in the world," he whispered to himself, "I'm the happiest man on the whole Earth."

"Sono l'uomo più felice del mondo," sussurrò a sé stesso,
"Sono l'uomo più felice sulla Terra intera."

Brackett sat watching till finally Jesse turned the corner of the alley and disappeared. Then he leaned back in his chair. His heart was beating painfully. He listened to it as it beat. He sat still, gripping his head in his hands.

Brackett si sedette a guardare fino a quando Jesse svoltò finalmente l'angolo del vicolo e scomparve. Poi si appoggiò all'indietro nella sua sedia. Il suo cuore pulsava con dolore. Ascoltava ogni battito. Sedeva fermo, con la testa tra le mani.

Key Vocabulary:

- *riposare* v.intr. [ri-po-sà-re] – to rest, to have a rest; to sleep.
- *cocente* agg. [co-cèn-te] – roasting, burning, blistering.
- *pasto* s.m. [pà-sto] – meal.
- *cicatrice* s.f. [ci-ca-trì-ce] – scar.
- *squallido* agg. [squàl-li-do] – squalid, shabby, nasty.
- *corpulento* agg. [cor-pu-lèn-to] – corpulent, obese, stout.
- *sprecare* v.tr. [spre-cà-re] – to waste, to squander.
- *bancone* s.m. [ban-có-ne] – counter.
- *scattare* v.intr. [scat-tà-re] – to go off; to to click, to snap.
  ~ fotografie – to take (to shoot, to snap) photographs.
- *ridotto* agg. [ri-dót-to] – contracted, shrunken, reduced.
  essere ~ male – to be in poor condition/in bad shape.
- *mica* avv. [mì-ca] – at all, in the least (often used for emphases).
  non costa ~ molto – it doesn't cost much at all.
  Non sono ~ un cadavere – I am not a corpse, you know!
- *spettinato* agg. [spet-ti-nà-to] – uncombed, ruffled.
- *zoppicare* v.intr. [zop-pi-cà-re] – to limp.
- *calpestare* v.tr. [cal-pe-stà-re] – to step on, to trample (on).
- *bucare* v.tr. [bu-cà-re] – to pierce, to puncture.
- *nascondere* v.intr. [na-scón-de-re] – to hide, to conceal.

- o **sostenere** *v.tr.* [so-ste-né-re] – to support, to hold up; to sustain.
  sostegno *s.m* [so-sté-gno] – support, prop, brace, strut.
- o **sentirsi a disagio** – to feel awkward.
- o **incupirsi** *v.intr.* [in-cu-pìr-si] – to darken, to sadden.
- o **ferramenta** *s.f.* [fer-ra-mén-ta] – hardware, ironware.
- o **valere** *v.intr.* [va-lé-re] – to be worth;
- o **amaramente** *avv.* [a-ma-ra-mén-te] – bitterly.
- o **crollare** *v.intr.* [crol-là-re] – to collapse; to fall down.
- o **sconvolgere** *v.tr.* [scon-vòl-ge-re] – to disrupt, to disturb, to upset.
- o **entrambi** *agg.* [en-tràm-bi] – both.
- o **esclamare** *v.intr.* [e-scla-mà-re] – to exclaim, to cry out.
- o **lamentarsi** *v.rf.* [la-men-tàr-si] – to groan, to moan; to lament.
- o **disoccupato** *agg.* [di-soc-cu-pà-to] – unemployed.
- o **incamminare** *v.tr.* [in-cam-mi-nà-re] – to start off, to get going.
- o **assumere** *v.tr.* [as-sù-me-re] – to assume; to take on, to hire.
- o **stazza** *s.f.* [stàz-za] – (of people) bulk, proportions; tonnage (of a ship).
- o **scavare** *v.tr.* [sca-và-re] – to excavate; to dig, to drill, to bore.
- o **avvisare** *v.tr.* [av-vi-sà-re] – to warn; to inform.
- o **roba** *s.f.* [rò-ba] – stuff; things.
- o **gestire** *v.tr.* [ge-stì-re] – to manage, to operate, to handle.
- o **ardentemente** *avv.* [ar-den-te-mén-te] – ardently, passionately.
- o **mendicante** *agg.* [men-di-càn-te] – mendicant, begging. *s.m.* – beggar.
- o **sussidio di disoccupazione** – unemployment compensation/relief.
- o **dopodiché** *avv.* [do-po-di-ché] – after which, then.
- o **riavere** *v.tr.* [ria-vé-re] – to have again, to have/get back.
- o **capacità** *s.f.* [ca-pa-ci-tà] – capability, ability, skill; capacity.

144

- *dissolversi* *v.intr.* [dis-sòl-ver-si] – to dissolve, to melt (away), to evaporate;
  dissolto *agg.* [dis-sòl-to] – dissolved, melted.
- *carino* *agg.* [ca-rì-no] – pretty, cute, nice.
- *chinare* *v.tr.* [chi-nà-re] – to bend, to lean, to bow.
- *meritare* *v.tr.* [me-ri-tà-re] – to deserve, to merit.
- *imprecare* *v.intr.* [im-pre-cà-re] – to swear, to curse.
- *risparmiare* *v.tr.* [ri-spar-mià-re] – to save; to spare.
- *durare* *v.intr.* [du-rà-re] – to last, to go on; to endure.
- *interrompere* *v.tr.* [in-ter-róm-pe-re] – to interrupt; to stop.
- *recuperare* *v.tr.* [re-cu-pe-rà-re] – to recover, to recuperate.
- *emettere* *v.tr.* [e-mét-te-re] – to emit, to issue, to utter.

9. Mr. Know-All *(after W. S. Maugham)* / Il Signor So-Tutto-Io

I was prepared to dislike Max Kelada even before I knew him. The war had just finished and the traffic of passenger liners going across the ocean was heavy.

Ero pronto a detestare Max Kelada ancora prima di conoscerlo. La guerra era appena finita e il traffico delle navi passeggeri che attraversavano l'oceano era intenso.

It was nearly impossible to get a cabin to yourself so I was glad to be given one in which there were only two berths.

Era quasi impossibile ottenere una cabina tutta per sé quindi fui contento quando me ne diedero una in cui c'erano solo due cuccette.

But when I was told the name of my companion my heart had skipped a beat.

Ma quando mi fu detto il nome del mio compagno di viaggio il mio cuore aveva perso un battito.

It was inconvenient enough to share a cabin for fourteen days with anyone (I was going from San Francisco to Yokohama), but I would be less disappointed if my companion's name was Smith or Brown.

Era già abbastanza scomodo dover dividere una cabina per quattordici giorni con chiunque (viaggiavo da San Francisco a Tokohama), ma sarei rimasto meno deluso se il nome del mio compagno di viaggio fosse stato Smith o Brown.

When I got on board I found Mr. Kelada's luggage already in the cabin. I did not like the look of it; there were too many labels on the suitcases, and one of them was too big.

Quando salii a bordo trovai i bagagli del Signor Kelada già nella cabina. Non mi piaceva il loro aspetto; c'erano troppe etichette sulle valigie e una di esse era troppo grande.

He had unpacked his toilet things, and I noticed that he was a fan of the excellent 'Monsieur Coty' because I saw on the washing stand his cologne, his shampoo and his aftershave.

Aveva già disfatto gli articoli da toeletta, e mi accorsi che era un appassionato dell'eccellente 'Monsieur Coti' perché vidi sul lavabo la sua acqua di colonia, il suo shampoo ed il suo dopobarba.

Mr. Kelada's hair comb had his initials stamped in gold. I did not at all like Mr. Kelada.

Il pettine del Signor Kelada aveva le sue iniziali stampate in oro. Il Signor Kelada non mi piaceva affatto.

I went up into the smoking room and asked for a pack of cards and began to play 'solitaire'. I had just started when a man came up to me and asked if he was right in thinking that my name was so-and-so.

Salii di sopra nella sala fumatori e chiesi un pacchetto di carte da gioco e iniziai a giocare al 'solitario'. Avevo appena cominciato quando un uomo mi si avvicinò e mi chiese se avesse ragione a pensare che il mio nome fosse tal dei tali.

"I am Mr. Kelada," he added, with a smile and sat down. "Oh, yes, we're sharing a cabin, if I am not mistaken."

"Io sono il Signor Kelada,"aggiunse, con un sorriso e si sedette. "Oh, sì, condividiamo la stessa cabina, se non sbaglio."

"It's a bit of luck, I say. I was really glad when I heard you were English. I'm sure that we English should stick together when we're abroad, if you understand what I mean."

"Questa sì che è una fortuna, dico io. Ero veramente contento quando ho sentito che Lei era inglese. Sono convinto che

noi inglesi dovremmo rimanere uniti quando siamo all'estero, se capisce cosa intendo dire."

"Are you English?" I asked, perhaps tactlessly.

"You don't think I look like an American, do you? British to the backbone, that's what I am."

"Lei è inglese?" Chiesi io, forse in modo un po' indiscreto.

"Non penserà mica che io assomigli ad un americano, vero? Britannico fino all'osso, ecco cosa sono."

To prove it, Mr. Kelada took out of his pocket a passport and waved it under my nose. King George has many strange subjects.

Per dimostrarglielo, il Signor Kelada prese dalla tasca un passaporto e lo sventolò sotto al mio naso. Il re George ha molti soggetti strani.

Mr. Kelada was short, sturdy build, clean-shaven and dark skinned, with a hooked nose and very large eyes.

Il Signor Kelada era basso, di costituzione robusta, ben rasato e con la pelle scura, con un naso adunco e occhi molto grandi.

His long black hair was shiny and curly. He spoke with a fluency in which there was nothing English and his gestures were exuberant.

I suoi lunghi capelli neri erano lucidi e ricci. Parlava con una scorrevolezza in cui non vi era nulla di inglese, e i suoi gesti erano esuberanti.

I felt quite sure that a closer inspection of that British passport would have revealed the fact that Mr. Kelada was born under a warmer sun than is generally seen in England.

Sentivo che se avessi esaminato più da vicino quel passaporto britannico, sicuramente esso mi avrebbe rivelato che il

Signor Kelada era nato sotto un sole molto più tiepido rispetto a quello che generalmente si vede in Inghilterra.

"Would you like something to drink?" he asked me. I looked at him uncertainly. Prohibition was in force and it was impossible to get alcohol on the ship. But Mr. Kelada flashed an oriental smile at me.

"Gradisce qualcosa da bere?" mi chiese. Io lo guardai con incertezza. Il divieto era in vigore ed era impossibile ottenere alcol a bordo della nave. Ma il Signor Kelada sfoderò un sorriso orientale.

"Whiskey and soda or a dry martini, you have only to say the word." Then from the pockets of his jacket he fished two flasks and laid it on the table before me.

"Whisky e soda oppure un martini secco, deve solo dire la parola." Poi, dalle tasche della sua giacca pescò due fiaschette e le appoggiò sul tavolo davanti a me.

I chose the martini and Mr. Kelada asked the steward to bring some ice and a couple of glasses.

Io scelsi il martini e il Signor Kelada chiese allo steward di portare del ghiaccio e un paio di bicchieri.

"A very good cocktail," I said.

"Well, there are plenty more where that came from, and if you have any friends on board, you tell them you have a pal who has all the liquor in the world."

"Un cocktail molto buono," dissi io.

"Beh, ce n'è ancora in abbondanza nel posto da dove proviene questo, e se ha degli amici a bordo, gli dica che ha un amico che possiede tutto il liquore del mondo."

Mr. Kelada was chatty. He talked of New York and of San Francisco. He discussed theaters, painting and politics.

Il signor Kelada era molto loquace. Parlò di New York e di San Francisco. Discusse di teatro, pittura e politica.

I do not wish to put on airs, but I do believe it is appropriate for a total stranger to put *mister* before my name when he addresses me.

Non vorrei darmi delle arie, ma credo che sia appropriato per un totale sconosciuto usare la parola signor prima del mio nome quando si rivolge a me.

Mr. Kelada, probably just to set me at ease, used no such formality. I did not like Mr. Kelada.

Il Signor Kelada, probabilmente per farmi sentire a mio agio, non usava certe formalità. Il Signor Kelada non mi piaceva.

I had put aside the cards when he sat down, but now, thinking that for this first occasion our conversation had lasted long enough, I decided to go on with my game.

Avevo messo da parte le carte da gioco nel momento in cui si era seduto, ma ora pensando che per questa prima occasione la nostra conversazione era durata già abbastanza, decisi di continuare con il mio gioco.

"The three on the four," said Mr. Kelada. There is nothing more frustrating when you are playing 'solitaire' than to be told where to put the card.

"Il tre sul quattro," disse il Signor Kelada. Quando giochi al solitario non c'è niente di più frustrante che qualcuno venga a dirti dove mettere la carta.

"It's coming out, it's coming out," he cried.

With rage and hatred in my heart I finished. Then he seized the pack.

"Sta per uscire, sta per uscire," urlò lui.

Con rabbia e odio nel mio cuore, finii il gioco. Poi lui prese il pacco.

"Do you like card tricks?"

"No, I hate card tricks," I answered.

"Le piacciono i trucchi con le carte?"

"No, odio i trucchi con le carte," risposi io.

"Well, I'll just show you this one." He showed me three.

"Beh, allora le farò vedere solo questo." Me ne mostrò tre.

Then I said I would go to the dining room and get my seat at table.

Poi dissi che sarei andato nella sala da pranzo per occupare il mio posto a tavola.

"Oh, that's all right," he said. "I have already taken a seat for you. I thought if we in the same cabin we might just as well sit at the same table."

"Oh, va bene," disse lui. "Ho già occupato un posto per lei. Ho pensato, visto che siamo entrambi nella stessa cabina, potremmo anche sederci allo stesso tavolo."

I did not like Mr. Kelada.

Il Signor Kelada non mi piaceva.

I not only had to share a cabin with him and eat three meals a day at the same table, but I could not even walk around the deck of the ship without his joining me.

Non solo dovevo condividere con lui la cabina e mangiare tre pasti al giorno allo stesso tavolo, ma non ero nemmeno libero di farmi una passeggiata sul ponte della nave senza che mi raggiungesse.

It was impossible to get rid of him. He was sure that you were as glad to see him as much as he was glad to see you.

Era una cosa impossibile liberarsi di lui. Era sicuro che anche tu fossi lieto di vederlo tanto quanto lui era lieto di vederti.

He was a very sociable person, and in three days knew everyone on board.

Era una persona molto socievole, e in tre giorni conosceva tutte le persone a bordo.

He managed everything. Conducted the auctions, collected money for prizes at the sports, organized the concert and ran the costume party. He was everywhere.

Si occupava di tutto. Conduceva le aste, raccoglieva denaro per i premi agli eventi sportivi, organizzò il concerto e gestì la festa in maschera. Era sempre dappertutto.

He was certainly the most hated man in the ship. We called him Mr. Know All, even to his face. He took it as a compliment.

Era sicuramente l'uomo più odiato della nave. Lo chiamavamo il Signor So Tutto Io, anche in sua presenza. Lui la prendeva come un complimento.

He was enthusiastic, cheerful, talkative and argumentative. He knew everything better than anybody else, and it was an insult to his vanity if you should disagree with him.

Era entusiasta, allegro, loquace e polemico. Egli sapeva tutto meglio di chiunque altro ed era un insulto alla sua vanità se ti trovavi in disaccordo con lui.

He would not drop a subject, until he had brought you to his way of thinking. The possibility that he could be mistaken never crossed his mind.

Non lasciava perdere un argomento finché non ti convinceva del suo modo di pensare. La possibilità che potesse anche sbagliare non gli passava nemmeno per la mente.

One day we sat at the doctor's table. Mr. Kelada, doctor, I, and a man called Ramsay, who was as dogmatic as Mr. Kelada.

Un giorno ci sedemmo tutti al tavolo del dottore. Il Signor Kelada, il dottore, io ed un uomo chiamato Ramsay, che era altrettanto dogmatico come il Signor Kelada.

He disliked bitterly Mr. Kelada's self-confidence and the discussions they had were hostile and endless.

Detestava amaramente l'autostima del Signor Kelada e le loro discussioni erano ostili e senza fine.

Ramsay worked at the American Consular Service in Kobe. He was a very heavy fellow from the Middle West, and his body bulged out of his ready-made clothes.

Ramsay lavorava al Consolato Generale degli Stati Uniti a Kobe. Era un tipo molto pesante che veniva dal Midwest, e il suo corpo sporgeva fuori dai suoi vestiti preconfezionati.

He was on his way back to Kobe after a short visit to New York to fetch his wife who had been spending a year at home.

Stava ritornando a Kobe dopo una breve visita a New York per prendere sua moglie che aveva trascorso un anno nel proprio paese.

Mrs. Ramsay was a very pretty lady, with pleasant manners and a sense of humor.

La Signora Ramsay era una donna molto carina, con buone maniere e senso dell'umorismo.

The Consular Service did not pay much, and she was dressed always very simply; but she knew how to wear her clothes. You could not look at her without being struck by her modesty.

Il Consolato non pagava molto e lei si vestiva sempre in maniera molto semplice; ma sapeva come indossare gli abiti. Non potevi guardarla senza rimanere colpito dalla sua modestia.

One evening at dinner the conversation by chance came to the subject of pearls.

Un pomeriggio a cena, la conversazione si spostò casualmente sulle perle.

There had been a lot of talk in the newspapers about the cultivation of pearls which the Japanese were making, and the doctor remarked that they would certainly reduce the value of real ones. They were very good already and soon they'll be perfect.

C'era stato un gran parlare sui giornali riguardo alla coltura delle perle da parte degli giapponesi, e il dottore commentò che questo avrebbe certamente ridotto il valore di quelle autentiche. Erano già molto bravi e presto avrebbero raggiunto la perfezione.

Mr. Kelada, as was his habit, rushed into the new topic. He told us everything that was known about pearls.

Il Signor Kelada, come di sua abitudine, si precipitò nel nuovo argomento. Ci raccontò tutto quello che c'era da sapere sulle perle.

I do not believe Ramsay knew anything about them at all, but he could not resist the opportunity to disagree with Mr. Kelada, and in five minutes we were in the middle of a heated argument.

Non credo che Ramsay ne sapesse qualcosa, ma non poté resistere all'opportunità di contraddire il Signor Kelada, e in cinque minuti ci trovammo nel bel mezzo di un'accesa discussione.

At last something that Ramsay said offended Mr. Kelada, so he shouted:

Alla fine, Ramsay disse qualcosa che offese il Signor Kelada, e quindi urlò:

"Well, I know what I am talking about! I'm going to Japan just to look into this Japanese pearl business. I'm in the pearl trade and I know all the best pearls in the world."

"Bene, so di cosa sto parlando! Io vado in Giappone solo per vedere più da vicino questo business della perla giapponese. Mi occupo di commercio di perle e conosco tutte le migliori perle al mondo."

It was news for us, because Mr. Kelada had never told anyone what his business was. We only knew vaguely that he was going to Japan on some commercial matters.

Questa fu una novità per noi, perché il Signor Kelada non aveva mai detto a nessuno qual era la sua attività. Sapevamo solo vagamente che doveva andare in Giappone per alcune questioni d'affari.

He looked round the table proudly and continued: "They'll never be able to get a cultured pearl that an expert like me will mistake for a real one."

Si guardò attorno al tavolo con orgoglio e poi continuò: "Non riusciranno mai a ottenere una perla coltivata pensando che un esperto come me la scambi per una reale."

Then he pointed to a necklace that Mrs. Ramsay wore and said. "I can assure you, Mrs. Ramsay that chain you're wearing will never be worth a penny less than it is now."

Poi indicò una collana indossata dalla Signora Ramsay e disse: "Posso assicurarle Signora Ramsay che la collana che lei indossa non varrà mai un centesimo di meno rispetto ad ora."

Mrs. Ramsay flushed a little and hid the necklace inside her dress. Ramsay leaned forward. He gave us all a sly look and asked:

La signora Ramsay arrossì un po' e nascose la collana all'interno del vestito. Ramsay si spostò in avanti. Diede a tutti un'occhiata maliziosa e chiese:

"That is a very pretty necklace Mrs. Ramsay has, isn't it?"

"La collana della Signora Ramsay è molto bella, vero?"

"I noticed it at once," answered Mr. Kelada. "Those are real pearls."

"L'ho notata subito," rispose il Signor Kelada. Quelle sono perle vere."

"I didn't buy it myself, of course," continued Ramsay, "but I'd be interested to know how much you think it cost?"

"Non l'ho comprata io, naturalmente," continuò Ramsay, "ma sarei interessato a sapere quanto pensa possa costare?"

"Oh, its commercial value is somewhere around $15,000. But if it was bought on Fifth Avenue, I shouldn't be surprised to hear that up to $30,000 was paid for it."

"Oh, il suo valore commerciale si aggira attorno ai $15,000. Ma se venisse acquistata nella Fifth Avenue, non mi sorprenderei se arrivassero a pagare fino a $30,000."

Ramsay smiled: "You'll be surprised to hear that Mrs. Ramsay bought that necklace at a department store on the day we left New York, for $18."

Ramsay sorrise: "Sarete sorpresi di sentire che la Signora Ramsay ha acquistato quella collana in un grande magazzino il giorno stesso che siamo partiti da New York, per $18."

Mr. Kelada flushed. "It's not only real, but for its size – it's the finest necklace that I have ever seen!" he said.

Il Signor Kelada arrossì. "Non è solo vera, ma per le sue dimensioni – è la collana più bella che io abbia mai visto!" disse lui.

"Will you bet on it?" asked Ramsay, "I'll bet you a hundred dollars that it's imitation."

"Vuole scommettere?" chiese Ramsay, "Scommettiamo cento dollari che si tratta solo di un'imitazione."

"Done!" answered Mr. Kelada.

"Fatto!" rispose il Signor Kelada.

"Oh, Elmer, you can't bet on a certainty," said Mrs. Ramsay. She had a little smile on her lips and her tone was slightly critical.

"Oh, Elmer, non puoi scommettere su una certezza," disse la Signora Ramsay. Aveva un piccolo sorriso sulle labbra e il suo tono era leggermente critico.

"Why not? If I get a chance of easy money I should be a fool not to take it."

"Perché no? Se mi si presenta l'opportunità di guadagnare del denaro facilmente, sarei un pazzo a non prenderlo."

"But how can it be proved?" she continued. "It's only my word against Mr. Kelada's."

"Ma come può essere dimostrato?" continuò lei. "È la mia parola contro quella del Signor Kelada."

"Let me look at the necklace, and if it's imitation I'll tell you right away. I can afford to lose a hundred dollars," said Mr. Kelada.

"Mi faccia vedere la collana, e se è solo un'imitazione vi dirò immediatamente. Posso permettermi di perdere cento dollari," disse il Signor Kelada.

"Take it off, dear. Let the gentleman look at it as much as he wants." Ramsay said.

"Toglila, cara. Permetti a questo gentiluomo di guardarla quanto vuole." Disse Ramsay.

Mrs. Ramsay hesitated a moment. She put her hands to the fastener.

"I can't unfasten it," she said. "Mr. Kelada will just have to take my word for it."

La Signora Ramsay ebbe un momento di esitazione. Mise le mani sul fermaglio.

"Non riesco a sganciarla," disse lei. "Il Signor Kelada dovrà solo fidarsi della mia parola."

I had a feeling that something unfortunate was about to occur.

Ramsay jumped up. "I'll undo it." He handed the necklace to Mr. Kelada.

Ebbi l'impressione che qualcosa di spiacevole stesse per accadere.

Ramsay balzò in piedi. "La sgancio io." Consegnò la collana al Signor Kelada.

Mr. Kelada took a magnifying glass from his pocket and closely examined it. A smile of triumph spread over his smooth and tanned face. He handed back the necklace. He was about to speak.

Il Signor Kelada prese una lente di ingrandimento dalla tasca e la esaminò da vicino. Un sorriso di trionfo si estese sul suo viso liscio e abbronzato. Riconsegnò la collana. Stava per parlare.

Suddenly he caught a sight of Mrs. Ramsay's face. It was so white that she looked as if she was about to faint.

Improvvisamente intravide il viso della Signora Ramsay. Era così pallida che sembrava fosse sul punto di svenire.

She was staring at him with wide and terrified eyes. They held a desperate appeal; it was so clear that I wondered why her husband did not see it.

Lo fissava con gli occhi spalancati e terrorizzati. Trattenevano un disperato appello; era così chiaro che mi chiedevo come mai suo marito non lo vedeva.

Mr. Kelada stopped with his mouth open. He flushed deeply. You could almost see the effort he was making over himself.

Il Signor Kelada si fermò con la bocca aperta. Arrossì profondamente. Si poteva quasi notare lo sforzo che faceva per controllare sé stesso.

"I was mistaken," he said. "It is a very good imitation, but of course as soon as I looked through magnifying glass I saw that it wasn't real. I think $18 is just about as much as it worth."

"Mi sbagliavo," disse lui. È un'ottima imitazione, ma naturalmente appena l'ho guardata attraverso la lente di ingrandimento, ho visto che non era vera. Penso che $18 sia più o meno il suo valore."

He took out his pocketbook and from it a hundred-dollar bill. He handed it to Ramsay without a word.

Prese il suo portafoglio e da esso estrasse una banconota da cento dollari. La consegnò a Ramsay senza dire una parola.

"Perhaps that'll teach you not to be so overconfident another time, my young friend," said Ramsay as he took the money.

"Forse questo le insegnerà a non essere troppo sicuro di sé la prossima volta, mio giovane amico," disse Ramsay mentre prendeva il denaro.

I noticed that Mr. Kelada's hands were trembling. The story quickly spread around the ship, and he had to put up with a good deal of joking that afternoon.

Notai che le mani del Signor Kelada tremavano. La storia si diffuso velocemente su tutta la nave, e lui dovette sopportare una buona dose di battute quel pomeriggio.

Next morning I got up and began to shave. Mr Kelada lay on his bed smoking a cigarette. Suddenly I heard a little sound and then I saw a letter pushed under the door.

Il mattino seguente mi alzai e iniziai a radermi. Il Signor Kelada era disteso nel suo letto e fumava una sigaretta. Improvvisamente ho sentito un piccolo rumore e poi ho visto una lettera spinta sotto alla porta.

I opened the door and looked out. There was nobody there. I picked up the letter and saw that it was addressed to Max Kelada. The name was written in block letters. I handed it to him.

Aprii la porta e guardai fuori. Non c'era nessuno. Raccolsi la lettera e vidi che era indirizzata a Max Kelada. Il nome era scritto in stampatello. Gliela consegnai.

"Who is this from?" He opened it. "Oh!" He took out of the envelope, not a letter, but a hundred-dollar bill.

"Chi la manda?" La aprì. "Oh!" Dalla busta prese non una lettera ma una banconota da cento dollari.

He looked at me and again he reddened. He tore the envelope into little bits and gave them to me. "Do you mind just throwing them out of the porthole?"

Mi guardò di nuovo ed arrossì. Strappò la busta in mille pezzi e me la diede. "Le dispiace gettarla fuori dall'oblò?"

I did as he asked, and then I looked at him with a smile.

"No one likes being made to look a perfect fool," he said.

Feci quello che mi chiese, e poi lo guardai con un sorriso.

"A nessuno piace passare per un perfetto idiota," disse lui.

"Were the pearls real?" I asked.

"Le perle erano vere?" Gli chiesi.

"If I had a pretty wife I shouldn't let her spend a year in New York, while I stayed at Kobe," said he.

"Se io avessi una bella moglie non le permetterei di trascorrere un anno a New York, mentre io sto a Kobe," disse lui.

At that moment I did not dislike Mr. Kelada.

In quel momento io non detestavo il Signor Kelada.

He took his pocketbook and carefully put in it the hundred-dollar bill.

Prese il suo portafoglio e accuratamente mise in esso la banconota da cento dollari.

Key Vocabulary:

- ○ **detestare** *v.tr.* [de-te-stà-re] – to detest, to abhor, to dislike.
- ○ **cuccetta** *s.f.* [cuc-cét-ta] – bunk, berth; couchette.
- ○ **scomodo** *agg.* [scò-mo-do] – uncomfortable, inconvenient.
- ○ **battito** *s.m.* [bàt-ti-to] – beat, beating, ticking.
- ○ **deludere** *v.tr.* [de-lù-de-re] – to disappoint.
- ○ **lavabo** *s.m.* [la-và-bo] – basin, washbasin, sink.
- ○ **disfare** *v.tr.* [di-sfà-re] – to undo, to unwrap.
- ○ **avvicinare** *v.tr.* [av-vi-ci-nà-re] – to approach, to come up (to).
- ○ **tale** *agg.* [tà-le] – such; certain; someone.
  tal dei tali – such-and-such, so-and-so.
- ○ **aggiungere** *v.tr.* [ag-giùn-ge-re] – to add (to).
- ○ **indiscreto** *agg.* [in-di-scré-to] – tactless, indiscreet.
- ○ **sventolare** *v.tr.* [sven-to-là-re] – to wave, to flutter.
- ○ **adunco** *agg.* [a-dùn-co] – hooked, aquiline.
  un naso ~ – a hooked/hook nose.
- ○ **scorrevolezza** *s.f.* [scor-re-vo-léz-za] – fluency; fluidity.
- ○ **divieto** *s.m.* [di-viè-to] – prohibition, ban (on).
- ○ **vigore** *s.m.* [vi-gó-re] – vigor, energy, strength, force.
  in ~ – in force, in effect,

- *pescare* v.tr. [pe-scà-re] – to fish, to fish out; to catch.
- *appoggiare* v.tr. [ap-pog-già-re] – 1. to lean (on/against); to prop. – 2. to lay (down), to put.
- *possedere* v.tr. [pos-se-dé-re] – to possess, to have; to own.
- *loquace* agg. [lo-quà-ce] – talkative, chatty, loquacious.
- *rivolgere* v.tr. [ri-vòl-ge-re] – to turn; to address, to refer.
- *agio* s.m. [à-gio] – ease, comfort.
- *raggiungere* v.tr. [rag-giùn-ge-re] – to reach; to join, to catch up (with).
- *tanto quanto* – as much... (as), as many... (as).
- *gestire* v.tr. [ge-stì-re] – 1. to manage, to administer, to run. – 2. to gesticulate, to gesture.
- *asta* s.f. [à-sta] – 1. rod, pole, stick –2. auction; bidding.
- *polemico* agg. [po-lè-mi-co] – polemical, argumentative.
- *preconfezionato* agg. [pre-con-fe-zio-nà-to] – (of clothes) ready-made;
(of products) prepacked.
- *sporgere* v.intr. [spòr-ge-re] – to poke out, to protrude, to bulge.
- *coltura* s.f. [col-tù-ra] – farming, cultivation; (biology) culture.
- *malizioso* agg. [ma-li-zió-so] – mischievous, sly; malicious.
- *aggirarsi* v.rf. [ag-gi-ràr-si] – 1. to hang about/around, to wander. – 2. to hover around/near, to come close (to).
il prezzo/valore si aggira attorno a...
– the price/value is somewhere around...
- *scommettere* v.tr. [scom-mét-te-re] – to bet, to wager, to gamble.
- *dimostrare* v.tr. [di-mo-strà-re] – to prove, to demonstrate, to show.
- *togliere* v.tr. [tò-glie-re] – to remove; to take away/off.
- *fermaglio* s.m. [fer-mà-glio] – clasp, fastener, clip, buckle.
- *sganciare* v.tr. [sgan-cià-re] – to unhook, to unfasten.
- *svenire* v.intr. [sve-nì-re] – to faint, to pass out.
- *intravedere* v.tr. [in-tra-ve-dé-re] – to catch a glimpse/sight of.
- *fissare* v.tr. [fis-sà-re] – 1. to stare, to gaze at; 2. to fix, to fasten.

- *spalancare* v.tr. [spa-lan-cà-re] – to open wide.
- *trattenere* v.tr. [trat-te-né-re] – to hold/keep (back).
- *diffondersi* v.rf. [dif-fón-der-si] – to spread, to disperse, to scatter.
- *strappare* v.tr. [strap-pà-re] – to tear (up); to rip.
- *oblò* s.m. [o-blò] – porthole.

10.   Three at table *(after W. W. Jacobs)* / Tre al tavolo

I was a young man. I had just come back from China, but since my family was away, I went to the country to stay with an uncle.

Ero un giovane uomo. Ero appena ritornato dalla Cina, ma siccome la mia famiglia era via, sono andato in campagna a stare da uno zio.

When I got down to the place I found it closed because my uncle was in the South of France; because he was supposed to come back in a few days I decided to stay at the Royal George, a very decent inn, and await his return.

Quando arrivai sul luogo, lo trovai chiuso perché mio zio si trovava nel Sud della Francia; siccome sarebbe dovuto ritornare tra alcuni giorni, decisi di soggiornare al Royal George, una locanda molto dignitosa, e attendere il suo ritorno.

The first day I passed well enough; but in the evening the dullness of the place, in which I was the only visitor, began to bore me, and the next morning after a late breakfast I went out with the intention of having a brisk walk.

Il primo giorno lo trascorsi abbastanza bene; ma nel pomeriggio la monotonia del luogo, in cui ero l'unico visitatore, iniziò ad annoiarmi, e il mattino seguente dopo una tarda colazione, uscii con l'intenzione di fare una camminata a passo spedito.

I started off in excellent spirits, because the day was bright and frosty. The villages through which I passed were old and charming. I lunched luxuriously on bread and cheese and beer in the bar of a small inn, and decided to walk a little further before turning back.

Iniziai di ottimo umore, perché la giornata era luminosa e gelida. I villaggi che attraversai erano vecchi e affascinanti. Pranzai lussuosamente con pane e formaggio e una birra nel bar di una piccola locanda, poi decisi di camminare per ancora un po' prima di ritornare indietro.

When at last I had gone far enough, I turned up a little lane, and decided to find my way back by another route, relying upon the small compass.

Quando finalmente mi sembrava di essere andato abbastanza lontano, svoltai in un piccolo vicolo, e decisi che avrei trovato la via del ritorno seguendo un altro percorso, facendo affidamento sulla piccola bussola.

I had reached the marshes, when a dense fog began gradually to spread. I continued my course until, at four o' clock, while it was getting darker and darker. I had to admit that I was lost.

Raggiunsi le paludi, quando una fitta nebbia iniziò gradualmente ad espandersi. Continuai il mio percorso fino alle quattro, mentre si stava facendo sempre più buio. Dovevo ammettere che mi ero perso.

The compass was no help to me now; I walked about miserably, occasionally shouting in hope of being heard by some passing shepherd or farmer.

La bussola non mi era d'aiuto; girovagai miserabilmente, urlando occasionalmente nella speranza di essere sentito da qualche pastore o contadino che passava di là.

At last by good luck I found my feet on a small road that was going through the marshes, and by walking slowly and tapping with my stick, I managed to stay on it. I had followed it for some distance when I heard footsteps approaching me.

Finalmente, per fortuna, i miei piedi si trovarono su una piccola strada che attraversava le paludi, e camminando lentamente e aiutandomi con il bastone riuscii a rimanere su di essa. L'avevo percorsa per una certa distanza quando sentii dei passi che si avvicinavano.

We stopped as we met, and the stranger, a peasant from the neighboring village, hearing of my situation, walked back with me for nearly a mile. He put me on the main road and gave me instructions how to reach a village that was located three miles away.

Quando ci incontrammo ci fermammo, e lo sconosciuto, un contadino dal villaggio vicino, sentendo la mia situazione, mi accompagnò per quasi un chilometro. Mi portò sulla strada principale e mi diede istruzioni su come raggiungere un villaggio che si trovava a tre chilometri di distanza.

I was so tired that three miles sounded like ten, and besides that, not far from the road I saw a dimly lighted window. I pointed to the window, but my companion shook his head and looked round him uneasily.

Ero così stanco che tre chilometri mi sembravano dieci, e oltre a questo, non lontano dalla strada vidi una finestra illuminata da una fioca luce. Indicai la finestra, ma il mio accompagnatore scosse la testa e si guardò intorno con disagio.

"You won't get any good there," he said.

"Why not?" I asked.

"Non troverai niente di buono là," disse lui.

"Perché no?" gli chiesi.

"There's something in there, sir," he answered. "What it is I don't know. Some say that it's a poor mad thing, others say it's a kind of animal; but whatever it is, it isn't good to see."

"C'è qualcosa in quella casa, signore," rispose. "Cosa sia non lo so. Alcuni dicono sia una cosa pazza, altri dicono si tratti di una specie di animale; ma qualunque cosa sia, non è bella da vedere."

"Well. I'll go on then," I said, "good night."

"Beh. Allora ci vado," dissi io, "buonasera."

He went back whistling until the sound of his footsteps faded in the distance, and I followed the road he had indicated. But I was now cold and tired, and decided to go back toward the house.

Lui se ne andò fischiettando finché il rumore dei suoi passi svanì in lontananza, e io seguii la strada che mi aveva indicato. Ma avevo freddo ed ero stanco e ha deciso di tornare verso la casa.

There was no light and no sound from within.

I knocked lightly upon the door.

It opened suddenly and a tall old woman, holding a candle, greeted me.

Dal suo interno non traspariva alcuna luce o suono.

Bussai leggermente alla porta.

Improvvisamente si aprì e una donna alta e vecchia, con una candela in mano, mi salutò.

"What do you want?" she asked.

"I've lost my way; I want to get to Ashville."

"I don't know it," said the old woman.

"Cosa vuoi?" chiese lei.

"Mi sono perso; voglio arrivare ad Ashville."

"Non la conosco," disse la vecchia signora.

She wanted to close the door when a man appeared from a room at the side of the hall and came toward us.

Stava per chiudere la porta quando un uomo apparve da una stanza che si trovava a fianco dell'atrio e si avvicinò.

"Ashville is fifteen miles from here," he said calmly.

"If you will direct me to the nearest village, I shall be grateful," I said. He didn't answer, but exchanged a quick glance with the woman.

"Ashville si trova a quindici chilometri da qui," disse lui con calma.

"Se mi indica il villaggio più vicino, le sarò grato," dissi io. Lui non rispose, ma scambiò una rapida occhiata con la donna.

"The nearest village is three miles away," he said turning to me and trying to soften a naturally harsh voice. "If you will give us the pleasure of your company, we'll offer you our hospitality."

"Il villaggio più vicino si trova a tre chilometri," disse l'uomo voltandosi verso di me e provando ad addolcire la sua voce naturalmente aspra. "Se vorrà offrirci la vostra gradita compagnia, vi offriremo la nostra ospitalità."

I hesitated. They were certainly a strange looking couple, and the gloomy hall with the shadows thrown by the candle looked hardly more inviting than the darkness outside.

Io esitai. Erano certamente una coppia molto strana, e l'atrio tetro con l'ombra proiettata dalle candele era poco più invitante dell'oscurità all'esterno.

"You are very kind," I murmured, "but – "

"Come in." he said quickly. "Shut the door, Anna."

"Lei è molto gentile," mormorai, "ma –"

"Entri." Disse lui velocemente. "Chiudi la porta, Anna."

Almost before I knew it I was standing inside and the old woman, muttering to herself, had closed the door behind me.

Senza accorgermene, mi trovai in casa e la vecchia signora, mormorando tra sé, aveva chiuso la porta dietro di me.

With a strange feeling of being trapped I followed my host into the room, and taking a chair warmed my frozen fingers at the fire.

Con la strana sensazione di essere intrappolato, seguii il padrone di casa nella stanza, presi una sedia e riscaldai le mie dita gelate davanti al fuoco.

"Dinner is almost ready," said the old man, "if you will excuse me."

"La cena è quasi pronta," disse il vecchio, "se volete scusarmi."

I nodded and he left the room. A minute later I heard voices: his and the old woman's and, I was sure, a third. Before I had finished my inspection of the room he returned, and looked at me with the same strange look I noticed before.

Annuii e lui uscì dalla stanza. Un minuto più tardi sentii delle voci: la sua e quella della vecchia signora e, ne ero sicuro, una terza. Prima di finire di ispezionare la stanza lui ritornò, e mi guardò con lo stesso strano sguardo che avevo notato prima.

"There will be three of us at dinner," he said. "That is two of us and my son."

I nodded again.

"Noi saremo in tre a cena," disse. "Noi due e mio figlio."

Annuii di nuovo.

"I suppose you don't mind dining in the dark," he said.

"Not at all," I answered, hiding my surprise as well as I could, "but really I don't want to intrude. If you will allow me –"

"Suppongo che non le dispiaccia cenare al buio," disse.

169

"Niente affatto," risposi, nascondendo il mio stupore al meglio che potevo, *"ma veramente non vorrei disturbare. Se mi permettete –"*

"It's seldom that we have company," he said, "and now that you're here we want you to stay. My son has some eye problems, and he can't stand the light. Ah, here's Anna."

"È raro che noi abbiamo compagnia," disse, *"e ora che Lei è qui, vogliamo che Lei rimanga. Mio figlio ha dei problemi agli occhi, e non sopporta la luce. Ah, ecco qui Anna."*

As he spoke the old woman entered, glanced at me and began to lay the tablecloth, while my host, taking a chair, sat looking silently into the fire.

Mentre lui parlava, la vecchia signora entrò, mi guardò e iniziò a stendere la tovaglia, mentre il padrone di casa prendendo una sedia si sedette guardando in silenzio il fuoco.

When the table was set, the old woman brought in a pair of chickens ready carved in the dish, and placing three chairs, left the room.

Dopo aver apparecchiato il tavolo, la vecchia signora arrivò con un paio di polli già tagliati nel piatto, e preparando tre sedie, lasciò la stanza.

The old man hesitated a moment, and then, rising from his chair, placed a large screen in front of the fire and slowly extinguished the candles.

Il vecchio esitò un attimo, e poi, alzandosi dalla sedia, sistemò un largo schermo davanti al fuoco e lentamente spense le candele.

"Blind man's holiday," he said, and groping his way to the door opened it.

"Le vacanze di un uomo cieco," disse, e procedendo a tentoni verso la porta, la aprì.

170

Somebody came back into the room with him, and in a slow, uncertain manner took a seat at the table. And the strangest voice I have ever heard broke the silence.

Qualcuno entrò nella stanza con lui, e in modo lento e incerto si sedette a tavola. E la voce più strana che avessi mai sentito ruppe il silenzio.

"A cold night," it said slowly.

"Una notte fredda," disse piano.

"It sure is," I answered and, light or no light, started eating with appetite. It was somewhat difficult eating in the dark, and it was evident from the behavior of my invisible companions that they also were not used to dining under such circumstances.

"Sì, veramente," risposi e, con luce o senza luce, iniziai a mangiare con appetito. Era piuttosto difficile mangiare al buio, ed era evidente dal comportamento dei miei compagni invisibili che anche loro, non erano abituati a cenare in queste circostanze.

We ate in silence until the old woman came into the room with some sweets and put them upon the table.

Cenammo in silenzio finché la vecchia signora entrò nella stanza con dei dolci e li mise sul tavolo.

"Are you a stranger around here?" asked the strange voice again.

"Lei è uno straniero da questa parti?" chiese ancora una volta la strana voce.

"Yes," I answered and murmured something about my luck in stumbling upon such a good dinner.

"Sì," risposi e mormorai qualcosa riguardo alla mia fortuna di essermi imbattuto casualmente in una cena così deliziosa.

"Stumbling is a very good word for it," said the voice firmly. You have forgotten the wine, father."

"Imbattersi casualmente è la parola giusta," disse la voce con fermezza. Hai dimenticato il vino, padre."

"So I have," said the old man, rising. "It's a bottle of the 'Celebrated' today! I will get it myself." He groped his way to the door, and closing it behind him, left me alone with my invisible neighbor.

"È vero," disse il vecchio, alzandosi. "È una bottiglia per il 'Celebre' di oggi! La prendo io." Si andò a tentoni verso la porta, e chiudendola dietro di sé, mi lasciò solo con il mio vicino invisibile.

There was something so strange about the whole business that I must confess I felt very uneasy. My host seemed to be absent a long time.

C'era qualcosa di molto strano nell'intera faccenda che, devo confessare, mi faceva sentire molto a disagio. Il padrone di casa sembrava essere assente da tanto.

I heard the man opposite lay down his fork and spoon, and it almost seemed to me that I saw a pair of wild eyes shining through the darkness like a cat's.

Sentii l'uomo accanto a me posare la sua forchetta e il suo cucchiaio, e mi era quasi sembrato di vedere un paio di occhi selvaggi brillare nell'oscurità, come quelli di un gatto.

With a growing sense of uneasiness I pushed my chair back, the screen fell over with a bang, and in the light of the fire I saw the face of the creature in front of me.

Con un crescente senso di disagio, spinsi all'indietro la sedia, lo schermo cadde sbattendo, e nella luce del fuoco vidi il viso della creatura davanti a me.

Breathless I got up from the chair and stood with clenched fists beside it. In the red glow of the fire it looked so devilish.

Senza respiro mi alzai dalla sedia e rimasi in piedi accanto ad essa con i pugni stretti. Nel rosso bagliore del fuoco sembrava così diabolico.

For a few moments we looked at each other in silence; then the door opened and the old man returned. He stood shocked as he saw the warm firelight, and then, approaching the table, mechanically put down a couple of bottles.

Per alcuni istanti, ci guardammo a vicenda in silenzio; poi si aprì la porta e il vecchio ritornò. Rimase scioccato quando vide la calda luce del fuoco, e poi, avvicinandosi al tavolo, appoggiò meccanicamente un paio di bottiglie.

"I beg your pardon, said I reassured by his presence, "but I have accidentally overturned the screen. Allow me to replace it."

"Vi chiedo scusa," dissi rassicurato dalla sua presenza, "ma ho accidentalmente rovesciato lo schermo. Mi permetta di sostituirlo."

"No, said the old man, gently, "let it be. We have had enough of the dark."

He struck a match and slowly lit the candles.

"No, disse il vecchio gentilmente, "lasciamo stare. Ne abbiamo abbastanza del buio."

Prese un fiammifero e lentamente accese le candele.

Then I saw that the man opposite had the remnant of a face, a horrible face in which one eye, the sole remaining feature, still glittered. I was greatly moved, guessing a part of the truth.

Poi vidi che l'uomo davanti a me aveva solo i resti di un volto, un volto orribile dove un occhio, l'unica caratteristica rimanente, ancora brillava. Ne rimasi molto commosso, intuendo una parte della verità.

My son was injured some years ago in a burning house," said the old man. "Since then we have lived a very private life. When you came to the door we – that is – my son..."

"Mio figlio è rimasto ferito alcuni anni fa in una casa in fiamme," disse il vecchio. "Da allora abbiamo vissuto una vita molto riservata. Quando lei è arrivato alla nostra porta – ossia – mio figlio..."

"I thought," said the son simply," that it would be better for me not to come to the dinner table. But it happened to be my birthday, and my father would not hear of my dining alone, so we come up with this foolish plan of dining in the dark. I'm sorry that I have startled you."

"Pensai," disse semplicemente il figlio, "che sarebbe stato meglio per me non venire a tavola. Ma era anche il mio compleanno, e mio padre non voleva saperne che io cenassi da solo, quindi inventammo questo folle piano di cenare al buio. Mi dispiace di averla spaventata."

"I am sorry," said I, and reached across the table to shake his hand "I am such a fool, but it was only in the dark that you startled me."

"Mi dispiace," dissi, e allungai attraverso il tavolo per stringergli la mano "sono uno sciocco, ma è solo al buio che mi hai spaventato."

"We never see a friend," said the old man, "and the temptation to have company was too much for us. Besides, I don't know what else you could have done."

"Non vediamo mai nessun amico," disse il vecchio, "e la tentazione di avere compagnia era troppa per noi. Inoltre, non so cos'altro avrebbe potuto fare."

"Nothing else just as good, I'm sure," said I.

"Come," said my host, almost gaily, "Now we know each other, draw your chair to the fire and let's celebrate this birthday in a proper fashion."

"Niente altro di altrettanto bello, ne sono certo," dissi.

"Venga," disse il padrone di casa, quasi allegramente, "Ora ci conosciamo, avvicini la sua sedia al fuoco e festeggiamo questo compleanno come si deve."

He drew a small table to the fire for the glasses and brought a box of cigars, and placing a chair for the old servant, asked her to sit down and drink, and we were soon as merry a party as I have ever seen.

Avvicinò un piccolo tavolo al fuoco per i bicchieri e portò una scatola di sigari, e sistemando una sedia per la vecchia serva, le chiese di sedersi e di bere, e presto eravamo tutti così allegri come non avevo mai visto ad una festa.

The night went on so rapidly that we could not believe our ears when in a lull in the conversation a clock in the hall struck twelve.

La notte passò così rapidamente che non credemmo alle nostre orecchie quando in un momento di silenzio durante la conversazione, l'orologio nell'atrio suonò la mezzanotte.

"A last toast before we go to bed," said my host, throwing the end of his cigar into the fire and turning to the small table.

"Un ultimo brindisi prima di andare a letto," disse il padrone di casa, gettando la parte finale del suo sigaro nel fuoco e voltandosi verso il piccolo tavolo.

We had drunk several before this toast, but there was something impressive in the old man's manner as he rose and took up his glass.

Avevamo già bevuto parecchio prima di questo brindisi, ma c'era qualcosa di impressionante nelle maniere del vecchio mentre si alzava e prendeva il suo bicchiere.

His tall figure seemed to get taller, and his voice rang as he looked proudly at his disfigured son.

La sua alta figura sembrava diventare ancora più alta, e la sua voce risuonò mentre guardava con orgoglio il suo figlio sfigurato.

"To the health of the children my boy saved!" he said, and drained his glass in one gulp.

"Alla salute dei bambini che mio figlio ha salvato!" disse, e svuotò il bicchiere in un unico sorso.

Key Vocabulary:

- **dignitoso** *agg.* [di-gni-tó-so] – decent, respectable; dignified.
- **trascorrere** *v.tr.* [tra-scór-re-re] – to spend, to pass.
- **monotonia** *s.f.* [mo-no-to-nì-a] – monotony, routine, dullness.
- **annoiare** *v.tr.* [an-no-ià-re] – to bore, to weary.
- **spedito** *agg.* [spe-dì-to] – quick, swift, brisk.
- **svoltare** *v.intr.* [svol-tà-re] – to turn, to turn a corner.
  ~ in una stradina | *un vicolo* – to turn into a side-road | lane.
- **vicolo** *s.m.* [vì-co-lo] – alleyway, lane.
- **percorso** *s.m.* [per-cór-so] – path, course, route.
- **affidamento** *s.m.* [af-fi-da-mén-to] – reliance, trust.
  fare ~ su – to trust to, to rely on.
- **bussola** *s.f.* [bùs-so-la] – compass.
- **palude** *s.f.* [pa-lù-de] – marsh, marshland, swamp.
- **fitto** *agg.* [fìt-to] – thick, dense.
- **espandere** *v.tr.* [e-spàn-de-re] – to expand, to spread, to disperse.

- *ammettere* v.tr. [am-mét-te-re] – to admit, to acknowledge.
- *girovagare* v.intr. [gi-ro-va-gà-re] – to roam, to wander, to ramble.
- *principale* agg. [prin-ci-pà-le] – main, principal.
- *fioco* agg. [fiò-co] – dim, faint, glimmering.
- *scuotere* v.tr. [scuò-te-re] – to shake.
- *disagio* s.m. [di-sà-gio] – discomfort, uneasiness, unease.
- *intorno* avv. [in-tór-no] – around, round, about.
- *qualunque* agg. [qua-lùn-que] – any; whichever, whatever. (syn. *qualsiasi*)
- *specie* s.f. [spè-cie] – kind, sort; species.
- *fischiettare* v.intr. [fi-schiet-tà-re] – to whistle.
- *svanire* v.intr. [sva-nì-re] – to vanish, to disappear, to fade.
- *trasparire* v.intr. [tra-spa-rì-re] – to shine/to show through; to transpire.
- *scambiare* v.tr. [scam-bià-re] – to exchange; to swap.
- *addolcire* v.tr. [ad-dol-cì-re] – to sweeten; (fig) to soften.
- *aspro* agg. [à-spro] – sour, tart; rough, harsh.
  una voce aspra – a rough/harsh voice.
- *ospitalità* s.f. [o-spi-ta-li-tà] – hospitality.
- *tetro* agg. [tè-tro] – gloomy.
- *oscurità* s.f. [o-scu-ri-tà] – darkness, obscurity.
- *accorgersi* v.rf. [ac-còr-ger-si] – to realize (sth), to notice (sth).
- *intrappolare* v.tr. [in-trap-po-là-re] – to trap, to catch in a trap.
- *riscaldare* v.tr. [ri-scal-dà-re] – to warm, to heat.
- *disturbare* v.tr. [di-stur-bà-re] – to disturb, to bother, to intrude.
- *stendere* v.tr. [stèn-de-re] – to stretch, to spread (out).
- *apparecchiare* v.tr. [ap-pa-rec-chià-re] – to make/to get ready.
  ~ la tavola – to set/to lay the table.
- *spegnere* v.tr. [spè-gne-re] – to turn off; to extinguish.
- *andare a tentoni* – to grope (one's way).
- *procedere* v.intr. [pro-cè-de-re] – to proceed; to go/move (on).

177

- *rompere* v.tr. [róm-pe-re] – to break.
- *abituato* agg. [a-bi-tuà-to] – used, accustomed, habituated.
- *imbattersi* v.rf. [im-bàt-ter-si] – to stumble on/upon, to run into.
- *casualmente* avv. [ca-sual-mén-te] – by chance, fortuitously.
- *sbattere* v.tr. [sbàt-te-re] – to beat; to bang, to slam.
- *bagliore* s.m. [ba-glió-re] – flare, glint, glow.
- *a vicenda* – each other, one another.
- *rovesciare* v.tr. [ro-ve-scià-re] – to knock over; to overturn.
- *sostituire* v.tr. [so-sti-tuì-re] – to replace; to substitute.
- *resto* s.m. [rè-sto] – rest, remainder, remnant.
- *caratteristica* s.f. [ca-rat-te-rì-sti-ca] – character, feature.
- *commuovere* v.tr. [com-muò-ve-re] – to move, to touch.
- *intuire* v.tr. [in-tuì-re] – to sense, to intuit, to guess.
- *ossia* cong. [os-sì-a] – that is; or rather.
- *inventare* v.tr. [in-ven-tà-re] – to invent; to come up with.
- *spaventare* v.tr. [spa-ven-tà-re] – to scare, to startle.
- *altrettanto* agg. [al-tret-tàn-to] – as much|many (as); the same.
- *brindisi* s.m. [brìn-di-si] – toast (to drink/make a toast).
- *svuotare* v.tr. [svuo-tà-re] – to empty; to drain.
- *sorso* s.m. [sór-so] – sip; *in un* ~ – in one gulp.

11.   The Mexican *(after J. London)* / Il Messicano

Nobody knew his story – they of the Junta least of all. He was their "little mystery", their "big patriot", and in his way he worked as hard for the coming Mexican Revolution as they did. Nobody of the Junta liked him.

Nessuno conosceva la sua storia – tanto meno quelli della Giunta. Lui era il loro "piccolo mistero", il loro "grande patriota", e a modo suo lavorava tanto quanto loro per l'imminente Rivoluzione Messicana. Nessuno della Giunta lo piaceva.

The first day when he came into their crowded room they suspected him of being a spy. Too many of the comrades were in prisons all over the United States, and some of them were killed.

Il primo giorno quando è venuto nella loro camera affollata, lo hanno sospettato di essere una spia. Troppi commilitoni si trovavano nelle prigioni sparse in tutti gli Stati Uniti, e alcuni di loro sono stati uccisi.

At first sight the boy didn't impress them favorably. He was not more than eighteen and somewhat small for his age. He announced that he was Felipe Rivera, and that he wished to work for the revolution.

A prima vista, il ragazzo non fece loro una buona impressione. Non aveva più di diciotto anni ed era piuttosto piccolo per la sua età. Si presentò come Felipe Rivera, e disse che desiderava lavorare per la rivoluzione.

That was all – not a wasted word, no further explanation. He stood waiting. There was no smile on his lips, no friendliness in his eyes, and they burned like cold fire.

Questo era tutto – non una parola di più, nessuna ulteriore spiegazione. Rimase in piedi in attesa. Non c'era nessun sorriso sulle sue labbra, nessuna cordialità nei suoi occhi, che bruciavano come fuoco freddo.

The people in the room looked uncertainly at each other.

Le persone nella stanza si guardarono a vicenda con aria perplessa.

"Very well," said Paulino Vera coldly. "You say you want to work for the revolution. Take off your coat, hang it over there.

"Molto bene," disse Paulino Vera freddamente. "Dici di voler lavorare per la rivoluzione. Togliti il cappotto e appendilo laggiù.

I'll show you were the buckets and cloths are. The floor is dirty. You will begin by scrubbing it and then by cleaning the floors of the other rooms. The windows need to be cleaned too."

Ora ti mostro dove si trovano i secchi e i panni. Il pavimento è sporco. Prima inizierai a strofinare questo e poi pulirai anche i pavimenti delle altre stanze. Anche le finestre necessitano di essere pulite."

"Is this for the revolution?" the boy asked.

"Questo serve per la rivoluzione?" chiese il ragazzo.

"It is for the revolution," Vera answered. Rivera looked suspiciously at all of them and took off his coat.

"È per la rivoluzione," rispose Vera. Rivera li guardò tutti con diffidenza e si tolse il cappotto.

"It is well," he said. And nothing more. Day after day he came to his work, sweeping, scrubbing, cleaning.

"È va bene," disse lui. E niente altro. Giorno dopo giorno, veniva al lavoro spazzando, strofinando e pulendo.

"Can I sleep here?" he asked once.

"Posso dormire qui?" una volta chiese.

Aha! So that was it! If he slept in the rooms of the Junta he could learn their secrets, get the lists of the names, and the addresses of the comrades in Mexico. The request was denied and Rivera never spoke of it again.

Aha! Ecco perché! Se avesse dormito nelle stanze della Giunta avrebbe potuto imparare i loro segreti, ottenere le liste dei nomi, e gli indirizzi dei commilitoni in Messico. La richiesta fu rifiutata e Rivera non ne parlò mai più.

They didn't know where he slept and where he ate. Once, one of the revolutionaries offered him a couple of dollars. Rivera refused the money, shaking his head.

Non sapevano dove dormisse e nemmeno dove mangiasse. Una volta, uno dei rivoluzionari gli offrì un paio di dollari. Rivera rifiutò il denaro, scuotendo la testa.

"I am working for the revolution," he said.

"Sto lavorando per la rivoluzione," disse lui.

It takes a lot of money to raise a modern revolution and the Junta was always pressed for money.

Ci vogliono molti soldi per sollevare una rivoluzione moderna e la Giunta era sempre a corto di denaro.

One time, when the rent for the house was two months behind and the landlord was threatening dispossession, it was Felipe Rivera, the cleaning boy in the poor cheap clothes, who put sixty dollars in gold on the desk.

Una volta, quando l'affitto della casa era in ritardo di due mesi e il proprietario minacciava l'espropriazione, fu Felipe Rivera, il ragazzo delle pulizie vestito nei suoi abiti economici, che mise sessanta dollari in oro sulla scrivania.

The revolutionaries couldn't find out where the boy got the money. But Felipe Rivera, the cleaning boy "for the revolution", continued, when it was needed, to put down gold and silver for the Junta's use.

I rivoluzionari non riuscivano a scoprire da dove il ragazzo si procurasse il denaro. Ma Felipe Rivera, il ragazzo delle pulizie "per la rivoluzione", continuò, nei momenti di bisogno, a mettere oro e argento per le necessità della Giunta.

And yet they didn't know much about him. He was quite different from them. But they never dared to question him. He never talked, never asked questions, and never suggested anything.

E ancora non sapevano molto di lui. Era piuttosto diverso da loro. Ma non ebbero mai il coraggio di interrogarlo. Non parlava mai, non faceva domande, e non suggeriva mai niente.

"He is not a spy," Paulino Vera said to his comrades one day. "He is a patriot, the greatest patriot of us all. I know it; I feel it in my heart. If I should prove unfaithful to our cause he would kill me."

"Non è una spia," disse un giorno Paulino Vera ai suoi commilitoni. "È un patriota, il migliore patriota tra tutti noi. Lo so; lo sento nel cuore. Se dovessi dimostrarmi infedele alla nostra causa, lui mi ucciderebbe."

"He has a bad temper," said one of the comrades.

"Ha un brutto carattere," disse uno dei commilitoni.

And it was Paulino Vera who persuaded the others to give the first secret mission to Rivera.

E fu proprio Paulino Vera a persuadere gli altri e concedere la prima missione segreta a Rivera.

The line of communication between Los Angeles and Lower California had been broken.

La linea di comunicazione tra Los Angeles e la Bassa California era stata interrotta.

Three of the comrades had dug their own grave and then been shot. Two more were thrown to jail in Los Angeles.

Tre dei commilitoni avevano scavato la propria tomba e furono poi fucilati. Altri due vennero mandati in prigione a Los Angeles.

Juan Alvarado, the federal commander has ruined all their plans. They could no longer communicate with the active revolutionaries in Lower California.

Juan Alvarado, il comandante federale rovinò tutti i loro piani. Non riuscivano più a comunicare con i rivoluzionari attivi che si trovavano nella Bassa California.

Young Rivera was given instruction and dispatched south. When he returned, the line of communications was reestablished and Juan Alvarado was dead.

Al giovane Rivera vennero date delle istruzioni e fu quindi spedito al sud. Quando ritornò, la linea di comunicazione era stata ristabilita e Juan Alvarado era morto.

He had been found in bed with a knife deep in his breast. This had exceeded Rivera's instructions, but they didn't ask him anything and he said nothing.

Fu trovato nel suo letto con una profonda coltellata nel petto. Rivera aveva oltrepassato le istruzioni, ma nessuno gli chiese nulla e lui non disse niente.

"I have told you," said Paulino Vera, "the secret service has more to fear from this youth than from any other man. He is the hand of God."

"Vi lo avevo detto," disse Paulino Vera, "i servizi segreti devono temere di più questo giovane che qualsiasi altro uomo. È la mano di Dio."

The bad temper, mentioned by one of the patriots, and sensed by them all, was evidenced by physical proofs. Now and then Rivera appeared with a cut lip, or a swollen ear.

Il brutto carattere, menzionato da uno dei patrioti e percepito da tutti loro, era dimostrato da prove fisiche. Di tanto in tanto, Rivera si presentava con un labbro tagliato o con un orecchio gonfio.

It was clear that he brawled somewhere in that outside world where he ate and slept, gained money and lived in a way unknown to them.

Era evidente che si azzuffava da qualche parte in quel mondo esterno dove mangiava e dormiva, otteneva denaro e viveva in un modo sconosciuto a tutti.

As the time passed he began helping in printing the little revolutionary bulletin that was published weekly.

Con il passare del tempo, iniziò ad aiutare nella stampa del piccolo bollettino sulla rivoluzione che veniva pubblicato settimanalmente.

"Where does he get the money?" Paulino Vera asked. "Only today, just now, I have found out that he paid the bill for the white paper – one hundred and forty dollars."

"Ma da dove prende il denaro?" chiese Paulino Vera. "Solo oggi, in questo istante, ho scoperto che ha pagato la fattura per la carta bianca – cento e quaranta dollari."

Rivera was mysterious. There were periods when they didn't see him for a whole week. Once he was away a month.

Rivera era un tipo misterioso. C'erano periodi in cui non lo vedevano per un'intera settimana. Una volta sparì per un mese.

These occasions were always ending by his return, when without advertisement or speech, he laid gold coins on the desk. Then again, for days and weeks he spent all his time with the Junta.

Queste circostanze terminavano sempre con il suo ritorno, quando senza annunci o discorsi, posava monete d'oro sulla

184

scrivania. Poi di nuovo, per giorni e settimane trascorreva tutto il suo tempo con la Giunta.

The time of the crisis approached. The need for money was greater than ever. Patriots had given their last cent and couldn't give any more.

Il tempo della crisi si avvicinava. Il bisogno di denaro era maggiore che mai. I patrioti avevano dato il loro ultimo centesimo e non potevano dare altro.

The time was right. Just one heroic effort and they would come to victory. They knew their Mexico. Once started, the revolution would take care of itself.

Era arrivato il momento giusto. Un solo sforzo eroico e avrebbero ottenuto la vittoria. Conoscevano il loro Messico. Una volta avviata, la rivoluzione sapeva prendersi cura di sé.

The whole reactionary machine would go down like a house of cards. But it was guns and ammunition that they needed so desperately.

L'intera macchina reazionaria sarebbe andata giù come un castello di carte. Ma loro avevano un disperato bisogno di fucili e munizioni.

They had the men impatient who would use the guns. They knew the traders who would sell and deliver the guns.

Avevano gli uomini impazienti di usare i loro fucili. Conoscevano i commercianti pronti a vendere e consegnare i fucili.

But the last dollar had been spent. Guns and ammunition! The ragged battalions must be armed. But how?

Ma era stato speso anche l'ultimo dollaro. Fucili e munizioni! I battaglioni laceri devono essere armati. Ma come?

"It's painful to think that the freedom of Mexico should depend on a few thousands of dollars!" said Paulino Vera.

"È doloroso pensare che la libertà del Messico deve dipendere da poche migliaia di dollari!" disse Paulino Vera.

Rivera on his knees, scrubbing the floor, looked up, his bare arms covered with soap and dirty water.

Rivera sulle sue ginocchia, mentre strofinava il pavimento, alzò lo sguardo, con le sue braccia nude ricoperte da sapone e acqua sporca.

"Will five thousand be enough?" he asked.

They all looked at each other with amazement.

"Cinque mila basterebbero?" chiese?

Tutti si guardarono a vicenda con stupore.

"Order the guns. The time is short. In three weeks I'll bring you the five thousand. The weather will be warmer for those who fight. And then, it is the best I can do." Rivera said.

"Ordina i fucili. Abbiamo poco tempo. Entro tre settimane porterò i cinque mila. Il tempo sarà più caldo per coloro che combattono. E poi, è la miglior cosa che posso fare." Disse Rivera.

It was the longest speech they had ever heard from him. It was incredible.

Fu il discorso più lungo che avessero mai sentito da lui. Era incredibile.

"You are crazy!" cried Paulino Vera.

"In three weeks," said Rivera. "Order the guns."

"Tu sei pazzo!" urlò Paulino Vera.

"Entro tre settimane," disse Rivera. "Ordina i fucili."

He got up, rolled down his sleeves and put on his coat. "Order the guns," he said again. "I am going now."

*Si alzò, si srotolò le maniche e indossò il suo cappotto.
"Ordina i fucili," disse di nuovo. "Ora vado."*

****

After a few telephone calls and bad language a meeting was held in the office of Mr. Kelly, the fight promoter. Kelly was very busy; and he was also unlucky.

Dopo un paio di telefonate e parolacce, si tenne una riunione nell'ufficio del Signor Kelly, il promotore dei combattimenti. Kelly era molto occupato; ed era anche sfortunato.

He had brought Danny Ward out from New York and arranged the fight for him with Billy Carthey.

Aveva fatto venire Danny Ward da New York e aveva organizzato per lui il combattimento con Billy Carthey.

The fight was only three weeks away; and for two days now – carefully concealed from the sporting reporters – Carthey was lying in bed, seriously injured.

Il combattimento era solo tre settimane da oggi, ma da due giorni - accuratamente nascosto dai giornalisti sportivi – Carter era a letto, gravemente ferito.

There was no one to take his place. And now Rivera had come, and revived Kelly's hope, though only slightly.

Non c'era nessuno che potesse prendere il suo posto. Ed ora Rivera è venuto, e ravvivò le speranze di Kelly, anche se solo leggermente.

"I can beat Ward," was all Rivera said.

"How do you know? Have you ever seen him fight?" demanded Kelly.

"Io posso battere Ward," fu tutto ciò che Rivera disse.

187

*"Come puoi esserne certo? Lo hai mai visto combattere?"
chiese Kelly.*

Rivera shook head.

Rivera scosse la testa.

"He can beat you with one hand and both eyes closed,"
continued Kelly.

Rivera just shrugged his shoulders.

*"Lui è in grado di sconfiggerti con una sola mano ed
entrambi gli occhi chiusi," continuò Kelly.*

Rivera solo alzò le spalle.

"Haven't you got anything to say?" Kelly asked.

"I can beat him".

"Ma non hai proprio niente da dire?" chiese Kelly.

"Io posso batterlo."

"Well, you know Roberts, right?" said Kelly, "I have sent for
him. Let's wait and see what he says, though from the looks of you,
you don't have a chance."

*"Beh, tu conosci Roberts, vero?" disse Kelly, "l'ho mandato a
chiamare. Aspettiamolo e vediamo cosa dice, ma dal tuo aspetto,
non hai alcuna possibilità."*

When Roberts arrived, Kelly went straight to the point.

Quando Roberts arrivò, Kelly andò subito al punto.

"Look here, Roberts, you have been bragging that you
discovered this little Mexican.

*"Guarda qui, Roberts, hai continuato a vantarti di aver
trovato questo piccolo messicano.*

You know Carthey broken his arm. Well, this little yellow boy says he will take Carthey's place. What do you say about it?"

Sai che Carthey si è rotto il braccio. Bene, questo piccolo ragazzo giallo dice che prenderà il posto di Carthey. Cosa ne dici?"

"It's all right, Kelly, "came the slow answer. "He can fight. I know Rivera. Nobody can beat him. And he is a great two-handed fighter."

"È tutto a posto, Kelly," rispose con calma. "Lui può combattere. Conosco Rivera. Nessuno può batterlo. Ed è un ottimo combattente a due mani."

"You don't know that boy. I discovered him. He is a devil. He will be an exceptional fighter."

"Tu non conosci questo ragazzo. L'ho scoperto io. È un demonio. Sarà un combattente eccezionale."

"All right," Kelly turned to the secretary. "Ring up Ward. I told him I would call if it was worth while." Soon after Danny Ward arrived.

"Va bene," Kelly si voltò verso la segretaria. "Telefona a Ward. Gli ho detto che lo avrei chiamato se ne fosse valsa la pena." Poco dopo Danny Ward arrivò.

"So that's the guy," Danny said, looking carefully at his proposed opponent. "How do you do, old chap?"

"Quindi, è quello il ragazzo," disse Danny, guardando attentamente l'avversario che gli avevano proposto. "Come va, vecchio mio?"

Rivera's eyes burned with a cold fire, but he didn't say anything. He hated this man.

Gli occhi di Rivera bruciavano con un fuoco freddo, ma non disse nulla. Odiava questo uomo.

"What kindergarten did you get him from?" Kelly asked mockingly.

"Da quale asilo infantile lo hai preso?" chiese Kelly in modo beffardo.

"He is a good little boy, Danny, believe me," Roberts said: "Not as easy as he looks."

"È un bravo ragazzino, Danny, credimi," disse Roberts: "Non sottovalutarlo."

"Half of the seats are sold already; you will have to fight him, Danny. It's the best we can do," said Kelly.

"Metà dei posti sono già venduti, dovrai batterti con lui, Danny. È l'unica cosa che possiamo fare," disse Kelly.

"Then let's get down to business," Danny paused. "Of course it'll be, sixty-five per cent of ticket sales, the same as with Carthey. But the split will be different. Eighty will just suit me."

"Allora, andiamo al sodo," Danny fece una pausa. "Certamente, sarà il sessanta cinque per cento della vendita dei biglietti, come per Carthey. Ma la divisione sarà diversa. Ottanta mi andrà bene."

"Here, you, did you get that?" Kelly asked Rivera.

Rivera shook his head.

"Senti, hai capito?" chiese Kelly a Rivera.

Rivera scosse la testa.

"Well, it's this way," Kelly said. "The prize money will be sixty-five per cent of the ticket sales.

"Beh, le cose stanno in questo modo," disse Kelly. "Il premio in denaro sarà il sessanta cinque per cento della vendita dei biglietti.

You're unknown. You and Danny will split the money; twenty per cent goes to you and eighty to Danny. That is fair, isn't it, Roberts?"

Tu sei sconosciuto. Tu e Danny vi dividerete il denaro; il venti per cento andrà a te e l'ottanta a Danny. È giusto, vero Roberts?"

"Very fair, Rivera," Roberts agreed. "You see, you don't have a reputation yet."

"Molto giusto, Rivera," acconsentì Roberts. "Vedi, tu non hai ancora una reputazione."

"What will sixty-five per cent of the ticket sales be?" Rivera demanded.

"A quanto ammonta il sessanta cinque per cento della vendita dei biglietti?" chiese Rivera.

"Oh, maybe five thousand, maybe as high as eight thousand," Danny explained. "Something like that.

"Oh, forse a cinque mila, forse anche fino a otto mila," spiegò Danny. "O qualcosa di simile.

Your share will come to something like a thousand or sixteen hundred. Pretty good for taking a beating from a guy with my reputation. What do you say?"

La tua parte arriverà a circa mille o sedici cento dollari. Non male per essere battuto da un tipo con la mia reputazione. Che ne dici?"

"Winner takes all," was the answer.

There was a dead silence.

"Il vincitore prende tutto," fu la sua risposta.

Ci fu un silenzio di tomba.

"No, I play it safe. Who knows what can happen? Maybe I'll break my arm, eh? Win or lose, eighty is my split. What do you say, Mexican?"

"No, io gioco sul sicuro. Chi lo sa cosa può accadere. Potrei rompermi un braccio, eh? Vincere o perdere, ottanta è la mia divisione. Che ne dici, messicano?"

Rivera shook his head. "Winner takes all," he repeated.

Rivera scosse la testa. "Il vincitore prende tutto," ripeté.

"Why don't you agree?" Danny asked.

"I can beat you," was the straight answer.

"Ma perché non sei d'accordo?" chiese Danny.

"Io posso batterti," fu la risposta diretta.

"Look here, you little fool," said Kelly, "you are a nobody. Danny has a reputation. His next fight after this will be for a championship. Nobody has ever heard of you in Los Angeles."

"Guarda qua, piccolo pazzo," disse Kelly, "tu non sei nessuno. Danny ha la reputazione. Il suo prossimo combattimento dopo questo sarà per un campionato. Nessuno ha mai sentito parlare di te a Los Angeles."

"They will," Rivera answered, "after this fight."

"You can't win against me in a thousand years," Danny answered him.

"Ne sentiranno presto," rispose Rivera, "dopo questo combattimento."

"Non puoi vincere contro di me nemmeno tra mille anni," gli rispose Danny.

"If the money is so easy, why don't you agree?" Rivera remarked.

"Se è denaro facile, perché non sei d'accordo?" chiese Rivera.

"OK," Danny cried, "I'll beat you to death in the ring, my boy. Make out the article, Kelly. Winner takes all. I'll show him!"

"OK," urlò Danny, "ti batterò a morte sul ring, ragazzo mio. Prepara l'articolo, Kelly. Il vincitore prende tutto. Gliela farò vedere io!"

****

Rivera was barely noticed when he entered the ring. The audience didn't believe in him. He was the lamb led to slaughter at the hands of the great Danny.

Quando Rivera entrò nel ring lo notarono a malapena. Il pubblico non credeva in lui. Lui era l'agnello condotto al macello dalle mani del grande Danny.

Besides, the crowd was disappointed. They had expected a long battle between Danny Ward and Billy Carthey, and instead they had this poor little boy.

Inoltre, la folla era delusa. Si aspettavano una lunga battaglia tra Danny Ward e Billy Carthey, e invece hanno avuto questo povero piccolo ragazzo.

Rivera sat down in his corner and waited.

Rivera si sedette nel suo angolo e aspettò.

"Now you must be careful," Spider Hagerty warned him. Spider was his chief corner man. "Make it last as long as you can – those are Kelly's instructions."

"Ora devi stare attento," lo avvertì Spider Hagerty. Spider era il suo principale secondo. "Falla durare il più a lungo possibile – queste sono le istruzioni di Kelly."

All this was not encouraging. But Rivera did not pay attention. He despised fighting for money and until he had come to the Junta he hadn't fought for money.

Tutto questo non era molto incoraggiante. Ma Rivera non prestò attenzione. Disprezzava i combattimenti per denaro e non aveva mai combattuto per denaro fino al momento in cui era arrivato alla Giunta.

He did not analyze anything. He merely knew that he must win this fight. There could be no other outcome. Because behind him were forces much greater than a crowded house could imagine.

Non analizzò nulla. Sapeva solo che doveva vincere questo combattimento. Nessun altro risultato era possibile. Perché dietro a lui c'erano forze molto più grande che una casa affollata poteva immaginare.

Danny Ward fought for money and for the easy life that money would bring. But the things Rivera fought for, burned in his brain.

Danny Ward combatteva per denaro e per la vita facile che il denaro avrebbe portato. Ma le cose per cui combatteva Rivera, bruciavano nel suo cervello.

He saw the white walls of the factories of Rio Blanco. He saw the six thousand workers, hungry and pale. The little children, seven and eight years of age, who worked hard for ten cents a day.

Vide le bianca mura delle fabbriche in Rio Blanco. Vide i sei mila operai, affamati e pallidi. I bambini, di sette e otto anni di età, che hanno lavorato duramente per dieci centesimi al giorno.

He could see his father working on the little printer, or scribbling endless lines on the desk.

Vedeva suo padre lavorare con una piccola stampante, o scarabocchiando linee infinite alla scrivania.

And he could see the strange evenings, when workmen, coming secretly in the dark, met with his father and talked for long hours, while he, the boy, lay in the corner not always asleep.

E vedeva quelle strane sere, quando gli operai, arrivavano di nascosto nel buio, per incontrarsi con suo padre e parlavano per ore, mentre lui, il bambino, giaceva nell'angolo non sempre addormentato.

More visions burned in Rivera's memory. The strike because the workers of Rio Blanco were supporting their striking brothers of Puebla.

Altre visioni bruciavano nella memoria di Rivera. Lo sciopero degli operai di Rio Blanco per appoggiare i fratelli in sciopero a Puebla.

The thousands of starving workers; General Rosalio Martinez and the soldiers of Porfirro Diaz; and the death-spitting rifles that seemed never to cease shooting while the workers fell in their hundreds.

Le migliaia di operai affamati; il Generale Rosalio Martinez e i soldati di Porfirro Diaz; e i fucili che sputavano morte e sembravano non smettere mai di sparare mentre gli operai cadevano a centinaia.

Suddenly he heard a great roar, as if it came from the ocean, and he saw Danny Ward coming down to the center aisle.

Improvvisamente sentì un grande boato, come se provenisse dall'oceano, e vide Danny Ward scendere verso la corsia centrale.

The crowd was in wild uproar for the popular hero who was bound to win. He knew everybody. He joked and laughed, and greeted his friends through the ropes.

La folla era in tumulto selvaggio per il popolare eroe che era destinato a vincere. Conosceva tutti. Scherzava e rideva, e salutava gli amici attraverso le corde.

Rivera was disregarded. He didn't exist for the audience. But he didn't care.

Rivera veniva ignorato. Non esisteva per il pubblico. Ma a lui non interessava.

His eyes were blinded by a vision of countless rifles. Every face in the audience, as far as he could see, was transformed into a rifle.

I suoi occhi furono accecati da una visione di innumerevoli fucili. Ogni viso tra il pubblico, che lui potesse vedere, era trasformato in un fucile.

The gong struck, and the battle was on. The audience howled its delight.

Si sentì il suono del gong, e la battaglia iniziò. Il pubblico urlava la sua gioia.

Danny covered three quarters of the distance in the rush; his intention to eat up the Mexican was plainly seen.

Nella fretta, Danny coprì tre quarti della distanza; la sua intenzione di mangiarsi il messicano era evidente.

He was hitting Rivera endlessly. It was not a fight. It was a slaughter. The audience rarely saw Rivera, who was enveloped in Danny's ferocious attack.

Lui stava colpendo Rivera infinitamente. Non era un combattimento. Era un massacro. Il pubblico vedeva a malapena Rivera, chi è stato avvolto nell'attacco feroce di Danny.

Then in a separation the audience could see the Mexican. His lip was cut, his nose was bleeding, and there were red lines across his back.

Poi, in un momento di divisione il pubblico riuscì a vedere il messicano. Il suo labbro era tagliato, il suo naso sanguinava, e c'erano linee rosse su tutta la schiena.

But the audience hasn't noticed that he wasn't out of breath and his eyes were burning coldly as ever.

Ma il pubblico non si accorse che non era a corto di fiato e i suoi occhi bruciavano freddamente come non mai.

Too many aspiring champions in the cruel training camp had practiced this ferocious attack on him.

Troppi aspiranti campioni nei crudeli accampamenti di addestramento avevano praticato questo attacco feroce su di lui.

Then the amazing thing happened. The ferocious attack ceased suddenly. Rivera stood alone. And the shocked audience saw Danny lay on his back in the center of the ring.

Poi accadde l'incredibile. L'attacco feroce cessò improvvisamente. Rivera si trovava da solo. E il pubblico scioccato vide Danny disteso sulla schiena al centro del ring.

It was a terrible fight, and it continued a long time. But River fought for the guns, for the revolution. He fought for all Mexico and he won.

Fu un combattimento terribile e continuò a lungo. Ma Rivera combatteva per i fucili, per la rivoluzione. Combatteva per tutto il Messico e vinse.

There were no congratulations for him. He went to his corner, where his corner man had not yet placed his stool.

Non ci furono congratulazioni per lui. Ritornò al suo angolo, dove il suo secondo non aveva ancora posizionato il suo sgabello.

He leaned back on the ropes and looked with hatred at the audience. His knees trembled. But the guns were his – the revolution could go on.

Appoggiò la schiena alle corde e guardò il pubblico con odio. Le sue ginocchia tremavano. Ma i fucili erano suoi – la rivoluzione poteva continuare.

Key Vocabulary:

- *imminente* agg. [im-mi-nèn-te] – imminent, upcoming, coming.
- *commilitone* s.m. [com-mi-li-tó-ne] – comrade-in-arms, comrade.
- *ulteriore* agg. [ul-te-rió-re] – further, extra, subsequent.
- *bruciare* v.tr. [bru-cià-re] – to burn, to be on fire.
- *panno* s.m. [pàn-no] – cloth; fabric.
- *diffidenza* s.f. [dif-fi-dèn-za] – suspicion, distrust.
- *spazzare* v.tr. [spaz-zà-re] – to sweep; to sweep away.
- *minacciare* v.tr. [mi-nac-cià-re] – to threaten, to menace.
- *procurare* v.tr. [pro-cu-rà-re] – to raise (money, funds etc.).
- *fucilare* v.tr. [fu-ci-là-re] – to shoot.
  fucile s.m. [fu-cì-le] – rifle, gun.
- *coltellata* s.f. [col-tel-là-ta] – stab; knife wound.
- *oltrepassare* v.tr. [ol-tre-pas-sà-re] – to exceed, to surpass.
- *azzuffarsi* v.rf. [az-zuf-fàr-si] – to scuffle, to brawl.
- *fattura* s.f. [fat-tù-ra] – invoice, bill.
- *lacero* agg. [là-ce-ro] – ragged, shabby.
- *ricoperto* agg. [ri-co-pèr-to] – covered (with/in), coated (with).
- *bastare* v.intr. [ba-stà-re] – to be enough, to be sufficient.
- *entro* prep. [én-tro] – 1. in, within (*referring to a period*). – 2. by, not later than (*referring to a date or precise time*).
- *srotolare* v.tr. [sro-to-là-re] – to unroll, to roll out; to unfold.
- *parolaccia* s.f. [pa-ro-làc-cia] – bad language; swearword.
- *ravvivare* v.tr. [rav-vi-và-re] – to revitalize, to revive.
- *sconfiggere* v.tr. [scon-fìg-ge-re] – to defeat, to beat.
- *vantare* v.tr. [van-tà-re] – to boast, to brag; to claim.
- *valere la pena* – to be worth the effort (to be worth it).
- *beffardo* agg. [bef-fàr-do] – derisive, mocking, scornful.
- *sottovalutare* v.tr. [sot-to-va-lu-tà-re] – to underestimate.
- *venire al sodo* – to get to the point, to get down to business.

- *ammontare* v.intr. [am-mon-tà-re] – 1. to amount (to). – 2. to stack, to pile up.
- *giacere* v.intr. [gia-cé-re] – to lie (idle); to be situated.
- *sputare* v.tr. [spu-tà-re] – to spit.
- *boato* s.m. [bo-à-to] – roar, rumble.
- *tumulto* s.m. [tu-mùl-to] – tumult, uproar, commotion.
- *feroce* agg. [fe-ró-ce] – fierce, ferocious, vicious.
- *avvolgere* v.tr. [av-vòl-ge-re] – to envelop; to wrap up/around.
- *addestramento* s.m. [ad-de-stra-mén-to] – training.
- *disteso* agg. [di-sté-so] – lying, stretched; spread out.
- *cessare* v.tr. [ces-sà-re] – to cease, to stop, to end.

12. The Verger *(after W. S. Maugham)* /
Il Sagrestano

There had been a wedding that afternoon at St. Peter's Church, Neville Square, and Albert Edward Foreman still wore his verger's gown. It was his new gown and he kept it only for funerals and weddings.

Ci fu un matrimonio quel pomeriggio alla Chiesa di San Pietro, a Neville Square, e Albert Edward Foreman indossava ancora la sua veste liturgica da sagrestano. Era la sua veste nuova e la teneva solo per i funerali ed i matrimoni.

He wore it with pride and without it he had a feeling that he was not sufficiently clothed.

La indossava con orgoglio e senza di essa aveva la sensazione di non essere sufficientemente vestito.

He always ironed it himself. During the sixteen years he had been verger he had a number of such gowns, but he had never been able to throw them away when they were worn out. Carefully wrapped in brown paper, they were stacked in the closet in his room.

La stirava sempre da sé. Durante i sedici anni in cui era stato sagrestano ne aveva avute parecchie di tali vesti, ma non se la sentiva mai di gettarle via quando erano logore. Accuratamente avvolte nella carta marrone sono state accatastati nell'armadio nella sua stanza.

The verger was waiting for the vicar who was still in the vestry. He wanted to tidy up in there and then to go home to have tea.

Il sagrestano stava aspettando il vicario che si trovava ancora in sagrestia. Voleva rimettere tutto in ordine là dentro per poi ritornare a casa per il tè.

"What is he doing there, I wonder, "the verger said. "Doesn't he know I want my tea?"

"Mi chiedo cosa starà mai facendo là dentro," disse il sagrestano. "Ma non lo sa che voglio il mio tè?"

The vicar had just been appointed. He was a red-faced energetic man of about forty but Albert still regretted the old vicar who was a very nice person.

Il vicario era stato appena nominato. Era un uomo energico dalla faccia rossa e aveva circa quarant'anni ma Albert rimpiangeva il vecchio vicario che invece era davvero una brava persona.

He never complained and was not like this man who wanted to have his finger in every pie. At that moment the vicar came in and said:

Non si lamentava mai ed era diverso da quest'uomo che voleva ficcare il naso dappertutto. In quel momento il vicario entrò e disse:

"Foreman, will you come into the vestry for a minute? I have something to say to you."

"Very good, sir."

When they were in the vestry the vicar began briskly.

"Foreman, potrebbe entrare in sagrestia per un momento? Ho qualcosa da dirle."

"Molto bene, signore."

Quando furono nella sagrestia il vicario iniziò rapidamente.

"Foreman, I've got something unpleasant to say to you. You've been here a great many years and I think you've fulfilled your duties quite satisfactorily.

"Foreman, ho qualcosa di molto spiacevole da dirle. Lei si trova qui da moltissimi anni e penso che abbia svolto i suoi doveri in maniera piuttosto soddisfacente.

But I found out a most striking thing the other day. I discovered to my astonishment that you could neither read nor write."

Ma ho scoperto una cosa impressionante l'altro giorno. Ho scoperto con mio grande stupore che lei non sa ne leggere e ne scrivere."

The verger's face showed no sign of emotion.

"The last vicar knew that, sir," he replied. "He said it didn't make any difference." He always said there was too much education in the world for his taste."

Il viso del sagrestano non mostrò alcun segno di emozione.

"L'ultimo vicario lo sapeva, signore," rispose lui. "Diceva che la cosa non aveva alcuna importanza." Diceva sempre che c'era troppa istruzione al mondo per i suoi gusti."

"It's the most amazing thing I ever heard!" cried the vicar. "Are you telling me that you've been verger of this church for sixteen years and never learned to read or write?"

"È la cosa più incredibile che io abbia mai sentito," gridò il vicario. "Lei mi sta dicendo che è sagrestano di questa chiesa da sedici anni e non ha mai imparato a leggere o a scrivere?"

"I went into service when I was twelve, sir. The cook in the first place tried to teach me once, but it was no good. I couldn't learn anything. And later on I never had the time.

"Sono entrato in servizio quando avevo solo dodici anni, signore. In primo luogo, la cuoca cercò di insegnarmi qualcosa una volta, ma fu inutile. Non riuscivo a imparare niente. E in seguito non ebbi più il tempo.

Besides I have never really found it necessary. I think a lot of these young fellows waste too much time reading when they might be doing something useful."

E poi, non l'ho mai ritenuta una cosa veramente necessaria. Penso che molti di questi giovanotti sprechino troppo tempo a leggere mentre potrebbero fare qualcosa di più utile."

"But don't you want to know the news?" said the vicar. "Don't you ever want to write a letter?"

"Ma non le interessa sapere le notizie?" disse il vicario. "Non ha mai bisogno di scrivere una lettera?"

"No, sir. I can manage very well without. Now they've all these pictures in the papers so I know what's going on pretty well. And if I want to write a letter my wife writes for me. She's a scholar."

"No, signore. Posso gestire tutto molto bene anche senza. Ora, ci sono tante immagini nei giornali quindi riesco a capire abbastanza bene cosa sta accadendo. E se voglio scrivere una lettera, mia moglie la scrive per me. Lei è una studiosa."

There was a pause. Then the vicar said:

Ci fu una pausa. Poi il vicario disse:

"Well, Foreman, I've talked the matter over with the parish wardens and they quite agree with me that such situation is absurd. At a church like St. Peter's we cannot have a verger who can neither read nor write."

"Bene, Foreman, ho parlato della questione con gli amministratori della parrocchia e sono abbastanza d'accordo con me che tale situazione è assurda. In una chiesa come quella di San Pietro non possiamo permetterci di avere un sagrestano che non sappia ne leggere e ne scrivere."

Albert Edward's thin face reddened, but he made no reply.

Il viso magro di Albert Edward arrossì, ma non diede alcuna risposta.

"Understand me, Foreman; I have no complaint to make against you. You do your work quite well; I have the highest opinion both of your character and of your work.

"Cerchi di capirmi, Foreman; non ho nessuna lamentela da fare contro di lei. Lei svolge il suo dovere piuttosto bene; ho un'ottima opinione sia di lei che del suo operato.

But we haven't the right to take the risk of some accident that might happen owing to your absolute ignorance, and then it is a matter of principle. I think you must learn, Foreman," said the vicar.

Ma non abbiamo il diritto di assumerci il rischio di un possibile incidente che potrebbe accadere a causa della sua assoluta ignoranza, e poi è una questione di principio. Penso che lei debba imparare, Foreman," disse il vicario.

"No, sir, I'm afraid I can't now. You see I am not as young as I was, and if I was not able to get the letters in my head when I was a boy I don't think there's big chance of it now."

"No, signore, mi dispiace ma ora non posso. Vede, non sono più giovane come una volta, e se non sono stato in grado di imprimere le lettere nella mia testa quando ero un ragazzino, penso non ci sia grande probabilità ora."

"We don't want to be harsh with you," said vicar. "But the parish wardens and I have quite made up our minds.

"Non vogliamo essere troppo duri con lei," disse il vicario. "Ma gli amministratori della parrocchia ed io siamo piuttosto decisi su questo fatto.

We'll give you three month and if at the end of that time you cannot read and write I'm afraid you'll have to go."

Le daremo tre mesi di tempo e se alla fine di questo periodo lei ancora non saprà leggere e scrivere, mi dispiace ma dovrà andarsene."

Albert Edward had never liked the new vicar. He'd said from the beginning that they'd made a mistake when they gave him St. Peter's. He was not the type of man they wanted. Albert Edward straightened himself a little. He knew his value.

Ad Albert Edward non era mai piaciuto il nuovo vicario. L'aveva detto fin dall'inizio che avevano commesso un errore quando gli diedero la Chiesa di San Pietro. Non era il tipo d'uomo che volevano. Albert Edward si raddrizzò un pochino. Conosceva il suo valore.

"I'm very sorry, sir, I think it's no good. I've lived a good many years without knowing how to read and write and I don't intend to learn now."

"Sono molto dispiaciuto, signore. Non penso sia una buona idea. Ho vissuto bene per tanti anni senza sapere ne leggere e ne scrivere e non ho intenzione di imparare adesso."

"In that case, Foreman, I'm afraid you must go."

"Yes, sir, I quite understand. I shall be happy to hand in my resignation as soon as you've found somebody to take my place."

"In questo caso, Foreman, temo che se ne dovrà andare."

"Sì, signore, lo capisco. Sarò lieto di consegnare le mie dimissioni appena troverete qualcuno che possa sostituirmi."

Up to now Albert Edward's face had not shown any signs of emotion. But when he had closed the church door behind the vicar his lips quivered. He walked slowly back to the vestry and hung up his verger's gown there.

Fino a quel momento, il viso di Albert Edward non aveva mostrato alcun segno di emozione. Ma non appena chiuse la porta della chiesa dietro al vicario, le sue labbra tremarono. Si diresse lentamente verso la sagrestia e vi appese il suo abito da sagrestano.

He sighed as he thought of all the grand funerals and weddings it had seen. He tidied everything up, put on his coat, and with the hat in hand walked out of the church, locking the door behind him.

Fece un sospiro mentre pensava a tutti i grandi funerali e matrimoni che aveva visto. Mise tutto in ordine, indossò il suo cappotto, e con il cappello in mano uscì dalla chiesa, chiudendo a chiave la porta dietro di sé.

He went across the square, but he was so deep in his sad thoughts that he didn't walk along the street that led him home were a nice strong cup of tea awaited him; he took the wrong turn. He walked slowly with a heavy heart.

Attraversò la piazza, ma era così immerso nei suoi tristi pensieri che non percorse la via che doveva condurlo verso casa dove c'era ad aspettarlo un buona tazza di tè forte; prese la svolta sbagliata. Camminò lentamente, con il cuore pesante.

He didn't know what to do with himself. He had saved a small sum of money, but it was not enough to live on without doing something, and the cost of living was increasing every year.

Non sapeva cosa fare con se stesso. Aveva risparmiato una piccola somma di denaro, ma non era abbastanza per vivere senza fare qualcosa, e il costo della vita aumentava ogni anno.

He never thought that he would have to worry about such matter. The vergers of St. Peter's, like the popes of Rome, kept their post for life. He sighed deeply as he walked along the street.

Non avrebbe mai pensato di doversi preoccupare di una tale questione. I sagrestani di San Pietro, come i Papi di Roma, mantenevano il loro posto per tutta la vita. Fece un profondo sospiro mentre camminava lungo la strada.

Albert Edward was not a smoker and he didn't drink, but sometimes he liked a glass of beer with his dinner and when he was tired he enjoyed a cigarette.

Albert Edward non era un fumatore e non beveva, ma a volte gli piaceva un bicchiere di birra mentre cenava e quando era stanco si godeva una sigaretta.

It occurred to him now that a cigarette would comfort him and since he never had any in his pockets he looked for a shop where he could buy a packet of good cigarettes.

Gli venne in mente che una sigaretta lo avrebbe confortato e, siccome non ne teneva mai in tasca, cercò un negozio dove poter acquistare un buon pacchetto di sigarette.

He did not see a tobacconist's at once and walked on a little. It was a long street, with all sorts of shops in it, but there was not a single one where you could buy cigarettes.

In quell'istante non vedeva alcun tabaccaio e continuò a camminare ancora un po'. Era una strada lunga, con una grande varietà di negozi, ma non c'era uno dove si potesse acquistare delle sigarette.

"That's strange," said Albert.

To make sure he walked up the street again. No, there was no doubt about it. There was no tobacconist's anywhere.

"È strano," disse Albert.

Per essere sicuro, ripercorse di nuovo quella strada. No, non c'erano dubbi al riguardo. Da nessuna parte c'era un tabaccaio.

"I can't be the only man who walks along this street and wants to have a smoke," he thought.

"Non posso essere l'unico uomo che passeggia su questa strada e che desidera fumare una sigaretta," pensò lui.

An idea had struck him. Why not to open a little shop here? "Tobacco and Sweets."

Improvvisamente gli venne un'idea. Perché non aprire un piccolo negozio proprio qui? "Tabacchi e Dolciumi."

"That's an idea," he said. "It is strange how certain things come to you when you least expect it."

He turned and walked home to have his tea.

"Questa sì che è una buona idea," disse. "È strano come certe cose ti vengano in mente quando meno te lo aspetti."

Si voltò e si diresse verso casa a prendere il suo tè.

"You are very silent this afternoon, Albert," his wife remarked.

"I'm thinking," he said.

"Sei molto silenzioso questo pomeriggio, Albert," osservò sua moglie.

"Sto pensando," rispose lui.

He thought the matter over from every point of view and next day went to look for a suitable shop.

Analizzò la questione sotto tutti i punti di vista e il giorno seguente andò a cercare un negozio adeguato.

It was not difficult to find one and within a week the shop was opened and Albert was behind the counter selling cigarettes.

Non fu difficile trovarne uno ed entro una settimana il negozio era aperto e Albert si ritrovò dietro al bancone a vendere sigarette.

Albert Edward did very well.

Gli affari andarono molto bene per Albert Edward.

Things were going so well that in a year or so he had decided that he might open another shop and employ a manager.

Le cose andavano così bene che nel giro di un anno aveva deciso che avrebbe potuto aprire un altro negozio ed assumere un manager.

He looked for another long street that hadn't got a tobacconist's in it and when he found one he opened another shop. This was a success too.

Cercò un'altra strada lunga che non avesse un tabaccaio e quando la trovò aprì un altro negozio. Anche questo ebbe molto successo.

Then it occurred to him that if he could run two shops he could run half a dozen, so he began walking about London and whenever he found a long street that had no tobacconist's he opened a shop in it.

Poi, pensò che se era in grado di gestire due negozi poteva anche gestirne una mezza dozzina, quindi iniziò a camminare lungo le vie di Londra e ogni volta che trovava una lunga strada senza un tabaccaio, apriva un negozio.

In the course of ten years he had acquired no less than ten shops and was making a lot of money.

Nel giro di dieci anni aveva acquisito non meno di dieci negozi e stava facendo un sacco di soldi.

Every Monday he went to all his shops, collected the week's takings and took them to the bank.

Ogni lunedì passava a vedere tutti i suoi negozi, raccoglieva gli incassi della settimana e li portava in banca.

One morning when he came to the bank the cashier told him that the manager would like to see him. He was shown into the office and the manager shook hands with him.

Una mattina, quando andò in banca, il cassiere gli disse che il direttore desiderava vederlo. Venne accompagnato nel suo ufficio e il direttore gli strinse la mano.

"Mr. Foreman, I wanted to have a talk with you about the money you've got on deposit in our bank. Do you know exactly how much it is?"

"Signor Foreman, desideravo parlare con lei riguardo al denaro che ha in deposito presso la nostra banca. Sa esattamente di quanto è questa somma?

"I've got a rough idea."

"Ne ho una vaga idea."

"Apart from what you paid in this morning it's a little over thirty thousand pounds. That's a very large sum to have on deposit and I think you should invest it.

"A parte al denaro depositato questa mattina, si tratta poco più di trenta mila sterline. È una somma molto grande da tenere sul conto e penso che dovrebbe investirla.

We'll make you out a list of securities. They will bring you a better interest rate than the bank."

Le presenteremo una lista di titoli. Essi vi porteranno un migliore tasso di interesse rispetto alla banca."

There was a troubled look on Mr. Foreman' face.

"I've never had anything to do with stocks and shares and I'd like to live it all in your hands."

Il Signor Foreman aveva un'espressione turbata sul volto.

"Non ho mai avuto niente a che fare con titoli e azioni e vorrei lasciare tutto nelle sue mani."

The manager smiled.

"We'll take care of everything. Next time when you come here you'll just have to sign the bank transfers."

Il direttore sorrise.

"Ci occuperemo noi di tutto. La prossima volta che Lei verrà qui dovrà solo firmare i bonifici bancari."

"I could do that all right," said Mr. Foreman uncertainly. "But how shall I know what I am signing?"

"Per questo non ci sono problemi," disse il Signor Foreman incerto. "Ma come faccio a capire cosa sto firmando?"

"I suppose you can read," said the manager a little sharply.

Mr. Foreman gave him a disarming smile.

"Suppongo che lei sia in grado di leggere," disse il direttore bruscamente.

Il Signor Foreman gli rivolse un sorriso disarmante.

"Well, sir, that just it, I can't read or write, only my name, and I only learnt to do that when I went into business."

"Beh, signore, è proprio così, non so ne leggere e ne scrivere, a parte il mio nome, e l'ho imparato solo quando ho iniziato gli affari."

The manager was so surprised that he jumped up from his chair.

Il direttore rimase così sorpreso che saltò in piedi dalla sedia.

"That's the most extraordinary thing I ever heard." The manager stared at him as if he was a prehistoric monster.

"Questa è la cosa più incredibile che io abbia mai sentito." Il direttore lo fissò come fosse un mostro preistorico.

"And do you mean to say that you've built up this important business and made a fortune of thirty thousand pounds without being able to read or write? Good God! What would you be if you had been able to read and to write?"

"E intende dire che ha costruito questa importante attività accumulando una fortuna di trenta mila sterline senza sapere ne leggere e ne scrivere? Buon Dio! Cosa sarebbe se ne fosse stato in grado di leggere e scrivere?"

"I can tell you that, sir," said Mr. Foreman smiling. "I would be verger of St. Peter's church, Neville Square."

"A questo posso rispondere, signore," disse il Signor Foreman sorridendo. "Sarei sagrestano della Chiesa di San Pietro, a Neville Square."

Key Vocabulary:

- o **sagrestano** *s.m.* [sa-gre-stà-no] – sacrist, sacristan; verger.
- o **veste** *s.f.* [vè-ste] – garment, dress, gown.
- o **stirare** *v.tr.* [sti-rà-re] – 1. to iron, to press; 2. to stretch.
- o **logoro** *agg.* [ló-go-ro] – worn out, shabby.
- o **avvolgere** *v.tr.* [av-vòl-ge-re] – to wrap up; to envelope.
- o **accatastare** *v.tr.* [ac-ca-ta-stà-re] – to stack (up), to pile.
- o **rimpiangere** *v.tr.* [rim-p/ piàn-ge-re] – to regret.
- o **lamentare** *v.tr.* [la-men-tà-re] – to lament; to complain.
- o **ficcare** *v.tr.* [fic-cà-re] – to thrust, to poke, to stick.
  ~ *il naso dappertutto* – to stick (one's) nose everywhere.
- o **impressionante** *agg.* [im-pres-sio-nàn-te] – impressive, striking.
- o **istruzione** *s.f.* [i-stru-zió-ne] – education, teaching, instruction.
- o **gridare** *v.tr.* [gri-dà-re] – to shout, to cry (out), to yell.
- o **inutile** *agg.* [i-nù-ti-le] – useless, no good, unusable.
- o **ritenere** *v.tr.* [ri-te-né-re] – to believe, to consider, to find; to retain.
- o **sprecare** *v.tr.* [spre-cà-re] – to waste, to squander.

- *operato* s.m. [o-pe-rà-to] – work (in general), doing.
  stanno giudicando il mio ~ – they are judging my work.
- *imprimere* v.tr. [im-prì-me-re] – to imprint, to stamp, to engrave.
- *probabilità* s.f. [pro-ba-bi-li-tà] – probability, likelihood; chance.
- *sostituire* v.tr. [so-sti-tuì-re] – to replace; to substitute.
- *dimissione* s.f. [di-mis-sió-ne] – discharge, release.
- *condurre* v.tr. [con-dùr-re] – to conduct, to manage; to lead.
- *aumentare* v.tr. [au-men-tà-re] – to raise, to increase; to rise.
- *mantenere* v.tr. [man-te-né-re] – to maintain, to keep.
- *siccome* cong. [sic-có-me] – as, since.
- *dirigersi* v.rf. [di-rì-ger-si] – to head (to), to set off.
  si diresse verso casa – he headed for home.
- *adeguato* agg. [a-de-guà-to] – suitable, adequate.
- *entro* prep. [én-tro] – within, in.
- *grado* s.m. [grà-do] – degree, grade; level.
  essere in ~ – to be capable/able (to).
- *gestire* v.tr. [ge-stì-re] – to manage, to handle, to run.
- *sacco* s.m. [sàc-co] – sack, bag; *un* ~ *di* – a lot of, lots.
- *raccogliere* v.tr. [rac-cò-glie-re] – to pick up; to collect.
- *vago* agg. [và-go] – vague.
  una vaga idea – a vague/a rough idea.
- *bruscamente* avv. [bru-sca-mén-te] – brusquely, curtly, sharply.

13. Sixpence *(after K. Mansfield)* / Sei penny

Children are strange little creatures. Why should a small boy like Dicky, good, obedient and very sensible for his age, have moods when he suddenly went "mad dog" as his sister called it, and nobody was able to calm him down?

I bambini sono delle piccole strane creature. Per quale motivo un bambino come Dicky, bravo, obbediente e molto sensibile per la sua età, dovrebbe avere sbalzi d'umore quando improvvisamente è diventato un cane rabbioso, come disse sua sorella, e nessuno era in grado di calmarlo?

"Dicky, come here! Come here at once! Do you hear your mother calling you? Dicky!" But Dicky didn't want to come. Oh, sure he heard her. A clear little laugh was his only reply. He's running away, hiding, looking at his mother from behind the apple tree and jumping up and down wildly.

"Dicky, vieni qui! Vieni qui immediatamente! Senti tua madre che ti chiama? Dicky!" Ma Dicky non ne voleva sapere di venire. Oh, certo che la sentiva. Una chiara risatina fu la sua unica risposta. Corse via nascondendosi, osservando sua madre da dietro l'albero di mele e saltando su e giù selvaggiamente.

It had begun at tea-time. Dicky's mother and Mrs. Srears, who was spending the afternoon with her, were quietly sitting in the living room while the children were having a tea party in the dining room.

Tutto iniziò all'ora del tè. La madre di Dicky e la Signora Srears, che stava trascorrendo il pomeriggio con lei, erano tranquillamente sedute in soggiorno mentre i bambini stavano facendo un tea party in sala da pranzo.

As the servant girl recalled, this is what happened:

Da come racconta la ragazza di servizio, le cose sono andate in questo modo:

Children were eating their first piece of bread and butter quietly, and the servant girl had just poured out the milk and water, when Dicky had suddenly taken the bread plate, put it upside down on his head and grabbed the bread knife.

I bambini stavano mangiando il loro primo pezzo di pane e burro tranquillamente e la ragazza di servizio aveva appena versato il latte e l'acqua, quando Dicky improvvisamente prese il piatto del pane, lo mise sottosopra sulla sua testa e afferrò il coltello del pane.

"Look at me!" he shouted.

"Guardatemi!" urlò.

And before the servant girl could get there, the bread plate fell on the floor and broke into pieces. The little girls began to cry:

E prima che la ragazza di servizio potesse avvicinarsi, il piatto del pane cadde a terra e si ruppe in mille pezzi. Le bambine iniziarono a piangere:

"Mother, come and look what he has done!"

"Dicky has broken a big plate!"

"Come and stop him, mother!"

"Madre, vieni a vedere cosa ha fatto!"

"Dicky ha rotto un piatto grande!"

"Vieni a fermarlo, madre!"

You can imagine how mother rushed in. But she was too late. Dicky had already run away. What could she do? She couldn't run after the child. It was frustrating. Especially as Mrs. Spears, whose boys had an exemplary behavior, was waiting for her in the living room.

Si può immaginare come la madre si sia precipitata da loro. Ma era troppo tardi. Dicky era già scappato via. Cosa poteva fare?

Non poteva rincorrere il figlio. Era troppo frustrante. Soprattutto perché la Signora Spears, i cui figli avevano un comportamento esemplare, la stava aspettando in soggiorno.

"Very well, Dicky," the mother cried, "I shall have to think of some way to punish you."

"I don't care," cried Dicky, and again there came that little laugh. The child was quite uncontrollable...

"Molto bene, Dicky," urlò la madre, "Dovrò pensare a come punirti."

"Non m'interessa," urlò Dicky, e di nuovo si sentì quella piccola risatina. Il bambino era piuttosto incontrollabile...

"Oh, Mrs. Spears, I don't know how to apologize for living you here by yourself."

"Oh, Signora Spears, non so come scusarmi per averla lasciata qui da sola."

"Don't worry, Mrs. Bendall, it's all right," said Mrs. Spears in her sugary voice. She seemed to smile to herself. "These little things happen from time to time. I only hope it was nothing serious."

"Non si preoccupi, va tutto bene Signora Bendall," disse la Signora Spears con la sua voce mielosa. Sembrava sorridere tra sé. "Queste cose succedono di tanto in tanto. Mi auguro solo che non sia niente di serio."

"It was Dicky," said Mrs. Bendall. And she explained the whole affair to Mrs. Spears. "And the worst part, I don't know what to do with him. There's nothing that has the least effect on him, when he's in that mood."

"Era Dicky," disse la Signora Bendall. E spiegò l'intera faccenda alla Signora Spears. "Ma la cosa peggiore, è che non so cosa fare con lui. Non c'è niente che abbia il minimo effetto su di lui quando si trova in questo stato."

"Not even a whipping?" asked Mrs. Spears.

"Nemmeno una fustigazione?" chiese Signora Spears.

"We have never whipped the children," said Mrs. Bendall, "the girls have never needed it. And Dicky is such a baby and the only boy."

"Non abbiamo mai fustigato i bambini," disse la Signora Bendall, "non ho mai avuto bisogno di farlo con le bambine. E Dicky è ancora così piccolo ed è l'unico maschio."

"Oh, my dear," said Mrs. Spears. "I'm not surprised that Dicky has these little outbreaks. You don't mind my saying so? But I'm sure you make a great mistake in trying to bring up children without whipping them.

"Oh, mia cara," disse la Signora Spears. "Non mi sorprendo che Dicky abbia questi piccoli scoppi d'ira. Non si offende se glielo dico? Ma sono sicura che lei commette un grosso errore a cercare di far crescere dei figli senza fustigarli.

There is nothing that works equally well. And I speak from experience, my dear. I often tried gentler measures – soaping the boy's tongues, for instance, with yellow soap, or making them stand on the table for whole of Saturday afternoon. But nothing, believe me," said Mrs. Spears, "there is nothing like handing them over to their father."

E non c'è niente che funzioni altrettanto bene. E parlo da esperienza personale, mia cara. Ho provato spesso dei metodi più gentili – insaponare la lingua dei ragazzi, per esempio, con sapone di Marsiglia, oppure obbligandoli a stare in piedi sopra al tavolo per tutto il sabato pomeriggio. Ma niente, mi creda," disse la Signora Spears, non c'è niente di meglio che consegnarli al padre."

Mrs. Bendall was greatly shocked to hear of that yellow soap. But Mrs. Spears seemed to take it so much for granted, that she did too.

La Signora Bendall rimase molto scioccata a sentire la storia del sapone di Marsiglia. Ma la Signora Spears la prendeva come una cosa talmente scontata, che anche lei lo fece.

"To their father?" she asked. "Then you don't whip them yourself?"

"Al padre?" chiese lei. "Allora non li fustiga lei stessa?"

"Never," Mrs. Spears seemed quite shocked at the idea. "I don't think it is the mother's duty to whip children. It is the duty of the father. And, besides, he impresses them so much more."

"Mai," la Signora Spears sembrava piuttosto scioccata all'idea. "Non penso sia compito della madre fustigare i figli. È compito del padre. E, inoltre, infonde loro molto più timore."

"Yes, I can imagine that," said Mrs. Bendall uncertainly.

"My two boys," Mrs. Spears smiled kindly at Mrs. Bendall, "would behave just like Dicky if they were not afraid."

"Oh, your boys are perfect little models," cried Mrs. Bendall.

"Certo, lo immagino," disse la Signora Bendall poco convinta.

"I miei due figli," sorrise gentilmente la Signora Spears alla Signora Bendal, "si comporterebbero proprio come fa Dicky se non avessero paura."

"Oh, i suoi figli sono dei piccoli modelli perfetti," urlò la Signora Bendall.

And they were. Better behaved little boys, in the presence of grown-ups, could not be found. In the hall, under a large picture, there was a thick horse whip that had belonged to Mr. Spears' father. And for some reason the boys preferred to play as far as possible from that place.

E lo erano. Dei ragazzi più educati di loro, in presenza di adulti, non si potevano trovare. Nella sala, sotto un grande quadro, c'era una grossa frusta per cavalli che era appartenuta al padre del Signor Spears. E per qualche ragione, i ragazzi preferivano giocare il più lontano possibile da quel luogo.

"It is such a mistake to be weak with children when they are little. It's such a sad mistake and it is so easy to make it. It is so unfair to the child. That's what we have to remember.

"È un grande errore dimostrarsi deboli con i bambini quando sono piccoli. E' un errore così deprimente ed è talmente facile commetterlo. Ed è ingiusto nei confronti del bambino. Dobbiamo ricordarcelo.

It my opinion that Dicky's little rebellion this afternoon was done on purpose. It was the child's way of showing you that he needed a whipping."

A mio parere, la piccola ribellione di Dicky di questo pomeriggio era fatta di proposito. Era il modo in cui il bambino voleva dimostrarvi che aveva bisogno di una fustigazione."

"Do you really think so?" asked Mrs. Bendall.

"I do; I am sure of it," cried Mrs. Spears in a professional manner. "It will save you so much trouble in the future. Believe me, my dear." She put her dry, cold hand over Mrs. Bendall's hand.

"Ma lo pensa per davvero?" chiese la Signora Bendall.

"Certamente; ne sono più che sicura," gridò la Signora Spears in modo professionale. "Le farà risparmiare così tanti problemi in futuro. Mi creda, mia cara." Pose la sua fredda mano asciutta sopra la mano della Signora Bendall.

"I shall speak to Edward the moment he comes in," said Dicky's mother firmly.

The children had gone to bed before their father returned. It has been a bad day at the office and he was very tired.

"Ne parlerò con Edward appena arriva," disse la madre di Dicky con fermezza.

I bambini erano già andati a letto quando il padre rientrò a casa. Era stata una giornata difficile in ufficio e lui era molto stanco.

By this time Mrs. Bendall had become quite excited over the new idea, and she opened the door to him herself.

Ormai, la Signora Bendall si sentiva tutta emozionata della sua nuova idea, e gli aprì lei stessa la porta.

"Oh, Edward, I'm so thankful you have come home!" she cried.

'Why, what happened?"

"Oh, Edward, grazie al cielo finalmente sei arrivato a casa!" urlò la donna.

"Perché, cos'è successo?"

"Come – come into the living room," said Mrs. Bendall, speaking very fast. "I can't tell you how naughty Dick has been. You have no idea how a child of that age can behave.

"Vieni – vieni in soggiorno," disse la Signora Bendall, parlando velocemente. "Non hai idea di quanto sia stato cattivo oggi Dick e di come possa comportarsi un bambino della sua età.

He has been simply terrible. I have no control over him. I have tried everything, Edward, but it did not help. The only thing to do," she finished breathlessly, "is to whip him – is for you to whip him, Edward."

Il suo comportamento è davvero terribile. Non ho alcun controllo su di lui. Ho provato di tutto, Edward, ma non è servito a niente. L'unica cosa da fare," finì con il fiato sospeso, "è di fustigarlo – e sta a te fustigarlo, Edward."

"But why should I start whipping him? We have never done it before."

"Ma perché dovrei iniziare a fustigarlo? Non lo abbiamo mai fatto prima."

"Because," said his wife, "it's the only thing to do. I can't control the child..." Her words flew from her lips hitting his tired head. "You don't understand, Edward, you can't, you are at the office all day."

"Perché," disse la moglie, "è l'unica soluzione. Non riesco più a controllare quel bambino ..." Le sue parole volarono dalle sue labbra colpendo la stanca testa di lui. "Tu non capisci, Edward, non puoi, te ne stai in ufficio tutto il giorno."

"What would I beat him with?" he said uncertainly.

"You slipper, of course, said his wife. And she knelt down to untie his shoes.

"Give me that slipper." He went up the stairs. He felt very tired.

"E con cosa dovrei colpirlo?" disse l'uomo in maniera poco convinta.

"Con la tua pantofola, naturalmente," disse la moglie. E si inginocchiò per slacciargli le scarpe.

"Dammi quella pantofola." Andò al piano di sopra. Era molto stanco.

And now he wanted to beat Dicky. Yes, he wanted to beat something. My God, what a life!

E ora aveva voglia di picchiare Dicky. Sì, voleva picchiare contro qualcosa. Mio Dio, che vita!

He opened the door of Dicky's small room. Dicky was standing in the middle of the floor in his nightshirt. At the sight of him Edward flew into a rage.

Aprì la porta della piccola camera di Dicky. Trovò Dicky in piedi al centro della stanza con addosso la sua camicia da notte. Appena lo vide, Edward andò su tutte le furie.

"Well, Dicky, you know what I have come for," said Edward.

Dicky didn't answer.

"I have come to give you a whipping." No answer.

"Lift up your nightshirt."

"Bene Dicky, lo sai perché sono qui," disse Edward.

Dicky non rispose.

"Sono qui per fustigarti." Nessuna risposta.

"Tira su la tua camicia da notte."

At that Dicky looked up. He went pink.

"Must I?" he whispered.

Sentendo quelle parole, Dicky alzò lo sguardo. Diventò tutto rosa.

"Ma devo davvero?" sussurrò.

"Come on, now. Be quick about it," said Edward, and, taking the slipper, he gave Dicky three hard slaps.

"Ora sbrigati. Fai in fretta," disse Edward, e prendendo la pantofola colpì Dicky con forza per tre volte.

"That will teach you to behave properly to your mother."

Dicky stood there with his head hanging.

"Go to bed," said father.

"Così impari a comportarti correttamente con tua madre."

Dicky se ne stava lì a testa bassa.

"Vai a dormire," disse il padre.

The boy didn't move, but a shaking voice said, "I have not cleaned my teeth yet, Daddy."

"Eh, what's that?"

Il bambino non si mosse, ma una voce tremolante disse, "Non mi sono ancora lavato i denti, Papà."

"Eh, cosa?"

Dicky looked up. His lips were quivering, but his eyes were dry. He only said, "I haven't cleaned my teeth, Daddy."

Dicky sollevò la testa. Le sue labbra tremavano, ma i suoi occhi erano asciutti. Aveva soltanto detto, "Non mi sono ancora lavato i denti, Papà."

But at the sight of that little face Edward turned, and not knowing what he was doing, he ran out of the room, down the stairs, and out into the garden.

Ma alla vista di quel piccolo volto Edward si girò, e senza capire cosa stesse facendo, corse fuori dalla stanza, giù per le scale, fino ad arrivare in giardino.

Good God! What had he done? Whipped Dicky – whipped his little man with a slipper – and what the devil for? He didn't even know.

Buon Dio! Ma cos'ho fatto? Ho picchiato Dicky – picchiato il suo piccolo ometto con una pantofola – e per quale motivo? Nemmeno lo sapeva.

He ran back into the boy's room – and there was the little chap in his nightshirt. He hadn't cried. Not even a tear. If only he had cried or had got angry! But that "Daddy"! The boy forgave him like that without a word.

Tornò di corsa nella stanza del ragazzo – il suo piccolo ometto se ne stava lì, con addosso la sua camicia da notte. Non aveva pianto. Nemmeno una lacrima. Se solo avesse pianto o si fosse arrabbiato! Ma quel "Papà!" Il bambino lo perdonò così, senza una parola.

But he would never forgive himself – never. Coward! Fool! Brute! And suddenly he remembered the time when Dicky had fallen off his knee and sprained his wrist while they were playing together.

Ma lui non avrebbe mai perdonato se stesso – mai. Vigliacco! Idiota! Bruto! E improvvisamente si ricordò di quella volta quando Dicky cadde dalle sue ginocchia e si slogò il polso mentre stavano giocando insieme.

He hadn't cried then either. And that was the little hero he had just whipped. Something must be done about this, thought Edward.

Nemmeno quella volta pianse. E quello era il piccolo eroe che lui aveva appena fustigato. Doveva fare qualcosa al riguardo, pensò Edward.

The little boy was lying in bed. He was lying quite still, and even now he wasn't crying.

Il piccolo se ne stava nel suo letto, immobile e nemmeno questa volta stava piangendo.

Edward shut the door and leaned against it. What he wanted to do was to kneel down by Dicky's bed and beg to be forgiven. But, of course, he couldn't do that. His heart was pounding hard.

Edward chiuse la porta appoggiandosi contro di essa. Ciò che voleva fare, era di inginocchiarsi vicino al letto di Dicky e

224

pregarlo di perdonarlo. Ma, sicuramente non poteva fare una cosa del genere. Il suo cuore batteva forte.

"Not asleep yet, Dicky?" he said lightly.

"No, Daddy."

"Non riesci a dormire, Dicky?" disse il padre con dolcezza.

"No, Papà."

Edward came up to the boy's bed and sat on it. Dicky looked at him through his long eye lashes.

Edward si avvicinò al letto del bambino e si sedette. Dicky lo guardò attraverso le sue lunghe ciglia.

"Nothing has happened, little guy, has it?" said Edward.

"No-o, Daddy," came from Dicky.

Edward put out his hand, and carefully took Dicky's hot little hand.

"Non è successo niente, piccolo, vero?" disse Edward.

"No-o, Papà," riuscì a dire Dicky.

Edward stese la mano, e delicatamente prese la piccola mano calda di Dicky.

"You – you shouldn't think any more of what happened just now, little man," he said. "That's all over now. That's never going to happen again. OK?"

"Tu – non devi più pensare a quello che è appena accaduto, piccolo ometto," disse. "E' tutto finito ora. Non succederà mai più. OK?"

"Yes, Daddy."

"So the thing to do now is – to cheer up, little chap, and to smile, to forget all about it." And he tried himself to smile.

Sì, Papà."

"Quindi, la cosa da fare ora è – rallegrare, piccolo ometto, sorridi e dimenticati di quello che è accaduto." Anche lui stesso tentò di sorridere.

Dicky lay as before. This was terrible. Dicky's father stood up and went to the window. It was nearly dark in the garden. The evening stars shone in the sky, and a big tree was moving its long leaves slowly.

Dicky se ne stava ancora disteso come prima. E' stata una cosa terribile. Il padre di Dicky si rialzò in piedi e si diresse verso la finestra. Era quasi buio in giardino. Le stelle della sera brillavano in cielo, ed un grande albero si muoveva lentamente le sue foglie.

He felt in his pocket for his money. He chose a new sixpence coin and went back to Dicky.

Mise la mano in tasca per cercare delle monete. Scelse un nuova moneta da sei penny e ritornò da Dicky.

"Here you are, little chap. Buy yourself something," said Edward softly, putting the sixpence coin on Dicky's pillow.

"Ecco qui, piccolo ometto. Comprati qualcosa che ti piace," disse Edward con dolcezza, appoggiando i sei penny sul cuscino di Dicky.

But could even that – could even a whole sixpence – wipe out what had happened?

Ma avrebbe potuto quella – avrebbe potuto una intera moneta da sei penny – cancellare cosa era accaduto?

Key Vocabulary:

o **sbalzo** *s.m.* [sbàl-zo] – jolt, jerk, sudden change;
o **rabbioso** *agg.* [rab-bió-so] – angry, mad, furious.

- *calmare* v.tr. [cal-mà-re] – to calm (down).
- *nascondere* v.intr. [na-scón-de-re] – to hide, to conceal.
- *trascorrere* v.tr. [tra-scór-re-re] – to pass, to spend (time).
- *tranquillamente* avv. [tran-quil-la-mén-te] – quietly, calmly, tranquilly.
- *afferrare* v.tr. [af-fer-rà-re] – to grab; to grasp.
- *rompere* v.tr. [róm-pe-re] – to break.
- *precipitare* v.intr. [pre-ci-pi-tà-re] – to hurry, to rush; to precipitate.
- *rincorrere* v.tr. [rin-cór-re-re] – to run after, to chase; to pursue.
- *frustrante* agg. [fru-strà-nte] – frustrating, irritating.
- *punire* v.tr. [pu-nì-re] – to punish, to penalize.
- *mieloso* agg. [mie-ló-so] – sugary, honeyed, sweet.
- *fustigazione* s.f. [fu-sti-ga-zió-ne] – flogging, whipping.
- *ira* s.f. [ì-ra] – anger, rage, fury.
- *scoppio* s.m. [scòp-pio] – burst, outburst; explosion; outbreak.
- *sapone di Marsiglia* – "yellow soap" (old-fashioned all-purpose soap).
- *obbligare* v.tr. [ob-bli-gà-re] – to oblige, to compel, to force.
- *consegnare* v.tr. [con-se-gnà-re] – to deliver, to consign, to hand over.
- *infondere* v.tr. [in-fón-de-re] – to infuse, to instill, to inspire.
- *timore* s.m. [ti-mó-re] – fear, dread.
- *frusta* s.f. [frù-sta] – whip.
- *appartenere* v.intr. [ap-par-te-né-re] – to belong to.
- *deprimente* agg. [de-pri-mèn-te] – depressing, sad, disheartening.
- *ribellione* s.f. [ri-bel-lió-ne] – rebellion, revolt.
- *risparmiare* v.tr. [ri-spar-mià-re] – to save; to spare.
- *comportarsi* v.rf. [com-por-tàr-si] – to behave (oneself).
- *colpire* v.tr. [col-pì-re] – to hit, to strike.
- *pantofola* s.f. [pan-tò-fo-la] – slipper, carpet slipper.
- *slacciare* v.tr. [slac-cià-re] – to unfasten, to untie, to undo
- *sussurrare* v.tr. [sus-sur-rà-re] – to whisper, to murmur.

227

- *asciutto* *agg.* [a-sciùt-to] – dry.
- *sollevare* *v.tr.* [sol-le-và-re] – to raise, to elevate.
- *ometto* *s.m.* [o-mét-to] – little man/fellow/chap.
- *slogare* *v.tr.* [slo-gà-re] – to sprain, to strain.
- *ciglio* *s.m.* [cì-glio] – eyelash; (pl.) ciglia – eyelashes.
- *rallegrare* *v.tr.* [ral-le-grà-re] – to cheer up.
- *disteso* *agg.* [di-sté-so] – lying, stretched; spread out.

14. A Cup of Tea *(after K. Mansfield)* /
Una Tazza di Tè

Rosemary Fell was not exactly beautiful. No, you couldn't have called her beautiful. Pretty? Well, if you took her to pieces... But why be so cruel as to take anyone to pieces?

Rosemary Fell non era una vera bellezza. No, non la si poteva considerare bellissima. Carina? Beh, se la facevi a pezzi... Ma perché essere così crudeli da fare a pezzi qualcuno?

She was young, smart, extremely modern, very well dressed and her parties were a mixture of really important people and... artists.

Era giovane, intelligente, estremamente moderna, molto ben vestita e le sue feste erano un mix di persone davvero importanti e... artisti.

Rosemary had been married for two years. She had a wonderful son and her husband absolutely adored her. They were rich, really rich.

Rosemary era sposata da due anni. Aveva un meraviglioso bambino e suo marito l'adorava profondamente. Erano ricchi, veramente ricchi.

If Rosemary wanted to shop she would go to Paris as you and I would go to Bond Street.

Se Rosemary voleva fare acquisti, sarebbe andata a Parigi come se io e te sarebbero andati a Bond Street.

If she wanted to buy flowers, the car would stop at the best shop in Regent Street and inside the shop Rosemary would just say: "I want those and those. And that jar of roses."

Se desiderava acquistare dei fiori, l'auto si fermava davanti al migliore negozio in Regent Street e all'interno del negozio,

Rosemary sarebbe solo dire: "Voglio quelli e quelli. E quel vaso di rose."

One winter afternoon she had been buying something in a little antique shop in Curzon Street. It was a shop she liked. The owner was very fond of her. He was delighted when she came.

Un pomeriggio d'inverno, stava acquistando degli oggetti in un piccolo negozio di antiquariato in Curzon Street. Era un negozio che le piaceva. Il proprietario le era molto affezionato. Era sempre felice di vederla.

"You see, madam," he would explain in his respectful tone," I love my things. I would prefer not to part with them at all, rather than sell them to someone who does not appreciate them, who does not have that delicate sensitivity…"

"Vede, signora," spiegava con il suo tono rispettoso, "Io adoro i miei oggetti. Preferirei non separarmi mai da essi piuttosto che venderli a qualcuno chi non li sappia apprezzare, chi non abbia quella delicata sensibilità…"

And breathing deeply, he unrolled a very small piece of blue velvet and put it on the glass counter.

E respirando a fondo, srotolò un piccolo pezzo di velluto blu e lo appoggiò sul bancone di vetro.

Today it was a little box. He had been keeping it for her. He did not show it to anybody yet. A beautiful little box.

Oggi aveva una piccola scatola. L'aveva tenuta per lei. Non l'aveva ancora mostrata a nessuno. Una bellissima piccola scatola.

On the lid a tiny creature stood under a blooming tree, and even smaller creature had her arms around his neck.

Sul coperchio si trovava una minuscola creatura sotto ad un albero in fiore, e una creatura ancora più piccola aveva le braccia attorno al suo collo.

Rosemary took her gloves off to examine the box. Yes, she liked it very much. She loved it; it was beautiful. She absolutely must have it.

Rosemary si tolse i guanti per esaminare la scatola. Sì, le piaceva moltissimo. L'adorava; era bellissima. Doveva assolutamente averla.

The salesman leaned over the counter and murmured gently: "If I may to point out to madam, the flowers on the little lady's dress."

Il venditore si appoggiò al bancone e mormorò gentilmente: "Se posso farle notare signora, i fiori sul vestito della piccola donna."

"Charming!" Rosemary admired the flowers. But what was the price?

"Incantevole!" Rosemary ammirò i fiori. Ma qual era il suo prezzo?

For a moment the shop owner did not seem to hear. Then a murmur reached her: "fifty three, pounds, madam."

Per un momento il proprietario del negozio sembrava non aver udito. Poi un mormorio la raggiunse: "cinquanta tre sterline, signora."

"Fifty three pounds." Rosemary did not say anything. She laid the little box down and put her gloves on. Fifty three pounds. Even if one is rich... "Well, keep it for me – will you? I'll..."

"Cinquanta tre sterline." Rosemary non disse nulla. Appoggiò la piccola scatola e si mise i guanti. Cinquanta tre sterline. Anche se uno è ricco... "Beh, me la tenga – va bene? Io..."

But the owner had already bowed. Of course he would be willing to keep it for her.

Ma il proprietario le aveva già fatto un inchino. Naturalmente sarebbe stato disposto a tenerla per lei.

She went outside, gazing at the winter afternoon. Rain was falling, and with the rain it seemed the dark came too. People hurried by, hidden under their umbrellas.

Uscì dal negozio, fissando quel pomeriggio d'inverno. Cadeva la pioggia, e con la pioggia sembrava avvicinarsi anche il buio. La gente andava di fretta, nascosta sotto i propri ombrelli.

Rosemary felt a strange pang. She wished she had the little box. Her car was there. She had only to cross the pavement.

Rosemary sentì una strana fitta. Desiderava avere quella piccola scatola. La sua auto era là. Doveva solo attraversare la strada.

At that instant a thin young girl appeared at Rosemary's elbow and a voice, almost like a sigh, whispered: "Madam, may I speak to you a moment?"

In quell'istante una giovane ragazza magra apparve vicino al gomito di Rosemary e con una voce, simile ad un sospiro, le sussurrò: "Signora, posso parlarle un momento?"

"Speak to me?" Rosemary turned. She saw a little creature with enormous eyes, quite young, no older than herself, who was shivering as if she had just come out of the water.

"Parlare con me?" Rosemary si voltò. Vide una piccola creatura con due occhi enormi, piuttosto giovane, non più vecchia di se stessa, che stava tremando come se fosse appena uscita dall'acqua.

"M-madam," stammered the voice, "would you let me have the price of a cup of tea?"

"S-Signora," balbettò la voce, "potrebbe darmi il valore di una tazza di tè?"

"A cup of tea?" There was something simple, sincere in that voice; it wasn't the voice of a beggar. "Then you have no money at all?" asked Rosemary.

"Una tazza di tè?" C'era qualcosa di semplice, sincero in quella voce; non era la voce di una mendicante. "Ma allora sei completamente senza denaro?" chiese Rosemary.

"No, madam," came the answer.

"No, signora," fu la sua risposta.

"How incredible!" Rosemary looked at the girl who was staring at her.

"Ma è incredibile!" Rosemary guardò la ragazza che la stava fissando.

And suddenly it seemed to Rosemary such an adventure. It was like something out of a novel by Dostoevsky, this meeting in the dark.

E improvvisamente tutto questo a Rosemary sembrò una avventura. Sembrava qualcosa uscito da un romanzo di Dostoevskij, questo incontro al buio.

What if she took the girl home? Suppose she really did one of those things she was always reading about, what would happen?

E se avesse portato quella ragazza a casa sua? Supponiamo avesse veramente fatto una cosa simile a quelle che leggeva sempre, cosa sarebbe accaduto?

It would be exciting. And she saw herself saying to the amazement of her friends: "I simply took her home with me."

Sarebbe stato emozionante. E si immaginava mentre dicendo tra lo stupore dei suoi amici: "L'ho semplicemente portata a casa con me."

And she stepped forward and said to that person beside her: "Come home with me to have some tea."

E facendo un passo in avanti disse a quella persona al suo fianco: "Vieni a casa mia per prendere del tè."

The girl stepped back much surprised. She even stopped shivering for a moment. Rosemary put out a hand and touched girl's arm.

La ragazza indietreggiò molto sorpresa. Ha smesso anche di tremare per un momento. Rosemary allungò la mano e toccò il braccio della ragazza.

"I want you to come with me," she said smiling. "Why won't you? Let's go! Come home with me in my car and I'll give you some tea."

"Voglio che tu venga con me," disse lei sorridendo. "Perché non vuoi venire? Andiamo! Vieni a casa con me nella mia auto e ti offrirò del tè."

"You don't mean it, madam," said the girl, and there was pain in her voice.

"But I do," cried Rosemary. "I want you to come with me. Let's go."

"Lei non sta parlando sul serio, signora," disse la ragazza, e c'era della sofferenza nella sua voce.

"Certo che sì," gridò Rosemary. "Desidero che tu venga con me. Andiamo."

The girl put her fingers to her lips and her eyes were fixed on Rosemary. "You're not taking me to the police station?" she stammered.

La ragazza portò le dita alle labbra mentre i suoi occhi erano fissi su Rosemary. "Non mi sta portando alla stazione di polizia?" balbettò.

"The police station?" Rosemary laughed. "Why should I be so cruel? No, I only want to make you warm and to hear anything you would like to tell me."

"Alla stazione di polizia?" rise Rosemary. "E perché dovrei essere così crudele? No, voglio solo portarti al caldo e ascoltare qualsiasi cosa tu abbia da raccontarmi."

The driver held the door of the car open. "Here we are!" said Rosemary. She had a feeling of triumph.

L'autista aprì la porta dell'auto. "Eccoci qua!" disse Rosemary. Provava una sensazione di trionfo.

She was going to prove to this girl that wonderful things happened in life, that fairies were real, that rich people had hearts, and that women were sisters.

Voleva dimostrare a questa ragazza che nella vita possono accadere cose meravigliose, che le fate esistono, che le persone ricche avevano un cuore, e che le donne erano sorelle.

She turned quickly, saying: "Don't be frightened. After all, why shouldn't you come with me? We're both women. If I'm the more fortunate, you should to expect..."

Si voltò velocemente dicendo: "Non avere paura. Dopotutto, perché non dovresti venire con me? Siamo entrambe donne. Se io sono la più fortunata, dovresti aspettarti..."

She did not know how to finish the sentence, but fortunately at that moment the car stopped. The bell was rung, the door opened, and with a charming protecting movement Rosemary led the girl into the hall.

Non sapeva come terminare la frase, ma fortunatamente in quel momento l'auto si fermò. Il campanello era stato suonato e la porta venne aperta, e con un incantevole movimento di protezione Rosemary condusse la ragazza nella sala.

Warmth, light, sweet odor, all these things, were received by the girl with amazement and Rosemary noticed it. It was wonderful.

Calore, luce, un dolce profumo, tutte queste cose furono recepite dalla ragazza con stupore e Rosemary lo notò. Era meraviglioso.

She was like the little rich girl in her kindergarten with all the cupboards to open, all the boxes to unpack.

Era come la piccola bambina ricca nel suo asilo infantile con tutti gli armadietti da aprire, e tutte le scatole da disfare.

"Come upstairs," said Rosemary, wishing to be kind. "Come up to my room." And besides, she didn't want the servants to stare at this poor little thing.

"Vieni di sopra," disse Rosemary, facendo il possibile per essere gentile. "Vieni nella mia stanza." E inoltre, non voleva che i servitori stessero a fissare questa povera piccola creatura.

"And here we are!" cried Rosemary again, as they reached her beautiful big bedroom with the curtains drawn, the fireplace illuminating her wonderful furniture, her gold cushions and blue rug.

"Eccoci qua!" gridò di nuovo Rosemary, quando raggiunsero la sua bella e grande camera da letto con le tende tirate, il caminetto che illuminava i suoi splendidi mobili, i suoi cuscini dorate e il tappeto blu.

The girl stood just inside the door, she seemed unable to move. "Come and sit down," she cried, dragging her huge chair up to the fire, "in this comfy chair. Come and get warm. You look so awfully cold."

La ragazza si fermò appena dentro la porta, sembrava incapace di muoversi. "Entra e siediti," gridò, trascinando la sua enorme sedia davanti al caminetto, "in questa comoda sedia. Vieni a riscaldarti. Sembri talmente raffreddata."

"I can't dare, madam", said the girl.

"Non posso osare, signora", disse la ragazza.

"Oh, please," said Rosemary, "you mustn't be frightened, really."

"Oh, ti prego," disse Rosemary, "non devi sentirti spaventata, davvero."

"Sit down, and get warm and then we'll go into the next room to have tea and be cosy. Why are you afraid?" And she gently pushed the thin figure into a deep chair.

"Siediti e riscaldarti, e poi andremmo nella stanza accanto a prendere del tè e a metterci comodi. Perché hai paura?" E gentilmente spinse quella esile figura in una profonda sedia.

But there was no answer. The girl stayed with her hands by her sides and her mouth slightly open. To be sincere she looked rather silly. Rosemary leaned over her, saying:

Ma non ci fu alcuna risposta. La ragazza rimase con le sue mani lungo i fianchi e la sua bocca leggermente aperta. Ad essere sinceri sembrava piuttosto sciocca. Rosemary si chinò su di lei dicendo:

"Won't you take off your hat? Your pretty hair is all wet; and one is so much more comfortable without a hat, isn't it?"

"Perché non ti togli il berretto? I tuoi bei capelli sono tutti bagnati, e si sta molto più comodo senza un berretto, vero?"

There was a whisper that sounded like "Very good, madam," and the old hat was taken off.

Ci fu un sussurro che sembrava dire "Molto bene, signora," e il vecchio berretto è stato tolto.

"Let me help you to take the coat off too," said Rosemary. The girl stood up. But she held on to the chair with one hand and let Rosemary pull. It was quite an effort.

"Lascia che ti aiuti a toglierti anche i cappotto," disse Rosemary. La ragazza si alzò. Ma si aggrappò alla sedia con una mano lasciando che Rosemary tirasse. Fu piuttosto faticoso.

The girl did not help her at all. She seemed to wobble like a child. Rosemary did not know what to do with the coat when it finally came off, so she just left it on the floor, and the hat too.

La ragazza non collaborava con lei affatto. Sembrava traballare come una bambina. Rosemary non sapeva cosa fare con quel cappotto dopo che era riuscita a toglierlo, quindi lo lasciò sul pavimento, e anche il berretto.

She was just going to take a cigarette off the mantelpiece when the girl said quickly: "I'm very sorry, madam, but I am going to faint. I shall faint, madam, if I don't have something to eat."

Mentre stava per prendere una sigaretta dalla mensola del caminetto, la ragazza disse velocemente: "Mi dispiace tanto, signora, ma sto per svenire. Sverrò, signora, se non mangio qualcosa."

"Good havens, how thoughtless I am!" Rosemary rushed to the bell.

"Tea! Tea at once! And some brandy immediately!"

"Buon cielo, come sono sbadata!" Rosemary si affrettò verso il campanello.

"Del tè! Del tè subito! E del brandy immediatamente!"

The maid was gone, but the girl almost cried out. "No, I don't want any brandy. I never drink brandy. It's a cup of tea that I want, madam." And she burst into tears.

La cameriera era uscita, ma la ragazza disse quasi gridando: "No, non voglio del brandy. Non bevo mai brandy. È una tazza di tè quello che voglio, signora." E scoppiò in lacrime.

It was a terrible moment. Rosemary knelt beside her chair.

Fu un momento terribile. Rosemary si mise in ginocchio accanto alla sua sedia.

"Don't cry, poor little thing," she said. "Don't cry." And she gave her handkerchief.

"Non piangere, povera piccola creatura," disse lei. "Non piangere." E le diede il suo fazzoletto.

She really was touched beyond words. She put her arms around those thin, bird-like shoulders.

Era veramente commossa oltre ogni parola. Avvolse le sue braccia attorno a quelle esili spalle da uccellino.

Now at last the other forgot to be shy, forgot everything except that they were both women, and cried out:

Ora, finalmente si dimenticò di essere timida, si dimenticò di tutto tranne che erano entrambe donne, e gridò:

"I can't go on like this. I can't bear it. I'll kill myself. I can't bear it any more."

"Non posso andare avanti così. Non posso sopportarlo. Voglio uccidermi. Non lo posso più sopportare."

"You wouldn't have to. I'll look after you. Don't cry any more. It was a good thing that you've met me.

"Non dovrai farlo. Mi prenderò io cura di te. Non piangere più. È stata una fortuna per te avermi incontrata.

We'll have tea and you'll tell me everything. And I shall think of something. I promise. Do stop crying. It's so bad for you. Please!"

239

Ora prendiamo il tè e intanto mi racconterai tutto. E penserò a qualcosa. Te lo prometto. Smettila di piangere. Ti fa male. Per favore!"

The other stopped just in time for Rosemary to get up before the tea came. She had the table placed between them.

L'altra si fermò appena in tempo per dare la possibilità a Rosemary di alzarsi prima che arrivasse il tè. Aveva fatto posizionare il tavolo tra di loro.

She gave the poor little creature everything; all the sandwiches, all the bread and butter, and every time her cup was empty she filled it with tea, cream and sugar. People always said sugar was so nourishing.

Diede tutto alla povera piccola creatura; tutti i panini, tutto il pane e burro, e ogni volta che la sua tazza era vuota gliela riempiva con tè, panna e zucchero. La gente ha sempre detto che lo zucchero è molto nutriente.

As for herself she did not eat; she smoked and looked away tactfully so that the other didn't feel uncomfortable.

Quanto a sé stessa, non mangiò nulla; fumò e guardava altrove di proposito in modo che l'altra non si sentisse a disagio.

And the effect of that light meal was wonderful.

E l'effetto di quel pasto leggero fu meraviglioso.

When the tea table was carried away a new being, a little creature with beautiful hair, dark lips, lighted eyes, lay back in the big chair, looking at the fire.

Quando il tavolo del tè venne portato via un nuovo essere, una piccola creatura con capelli bellissimi, labbra scure, luminosi occhi, giaceva in quella grande sedia, ad osservare il fuoco.

Rosemary lit another cigarette; it was time to begin.

240

Rosemary accese un'altra sigaretta; era ora di iniziare.

"And when did you have your last meal?" she asked softly.

But at that moment the door handle turned.

"Quando hai mangiato il tuo ultimo pasto?" chiese con voce sommessa.

Ma in quel momento la maniglia della porta si girò.

"Rosemary, may I come in?" It was Philip.

"Of course."

"Rosemary, posso entrare?" Era Philip.

"Certamente."

He came in. "Oh, I am sorry," he said and stopped and stared.

Egli entrò. "Oh, scusami," disse e si fermò a fissare.

"It's quite all right," said Rosemary smiling. "This is my friend, Miss... "

"Va tutto bene," disse Rosemary sorridendo. "Questa è la mia amica, la Signorina..."

"Smith, madam," said the thin figure, who was strangely calm and unafraid.

"Smith," said Rosemary. "We are going to have a little talk."

"Smith, signora," disse l'esile figura, che era stranamente tranquilla e senza paura.

"Smith," disse Rosemary. "Stiamo facendo una piccola chiacchierata."

"Oh, yes," said Philip, and his eyes caught sight of the coat and hat on the floor. He came over to the fire and turned his back to it.

"Oh, certo," disse Philip, mentre i suoi occhi intravidero il cappotto ed il berretto sul pavimento. Si avvicinò al fuoco e ha voltato le sue spalle ad esso.

"It's a horrible afternoon," he said, looking at the listless figure, and then at Rosemary.

"E' un pomeriggio orrendo," disse lui, guardando la figura apatica, e poi guardando Rosemary.

"Yes, isn't it?" said Rosemary enthusiastically. "Terrible."

"Sì, vero?" disse Rosemary con entusiasmo. "Terribile."

Philip smiled. "Actually," said he, "I wanted to ask you to come into the library for a moment. Will Miss Smith excuse us?"

Philip sorrise. "In realtà," disse lui, "volevo chiederti di venire nella libreria per un momento. La Signorina Smith vorrà scusarci?"

The big eyes were raised to him, but Rosemary answered for her. "Of course she will." And they went out of the room together.

I grandi occhi si sollevarono su di lui, ma Rosemary rispose al posto suo. "Certamente che lo farà." E uscirono dalla stanza insieme.

"Listen," said Philip, when they were alone. "Explain. Who is she? What does it all mean?"

"Ascolta," disse Philip, quando furono da soli. "Spiegami. Chi è quella? Cosa significa tutto questo?"

Rosemary, laughing, leaned against the door and said: "I picked her up in Curzon Street. She asked me for the price of a cup of tea, and I brought her home with me."

Rosemary, ridendo, si appoggiò contro la porta e disse: "L'ho trovata in Curzon Street. Mi ha chiesto il valore di una tazza di tè, e l'ho portata a casa con me."

"But what on earth are you going to do with her?" cried Philip.

"Ma che diavolo hai intenzione di fare con lei?" gridò Philip.

"Be nice to her," said Rosemary, quickly. "Be very nice to her. Take care of her. I don't know how. But show her – treat her – make her feel – "

"Essere gentile con lei," disse Rosemary, velocemente. "Essere molto gentile con lei. Prendi cura di lei. Non so come. Ma mostrarla – trattarla – farla sentire – "

"My darling girl," said Philip. "You're quite silly, you know. It simply can't be done."

"Mia cara ragazza," disse Philip. "Sei piuttosto sciocca, lo sai. Semplicemente non si può fare."

"I knew you'd say that," exclaimed Rosemary. "Why not? I want to. Isn't that a reason? And besides, we often read of such things. I decided – "

"Sapevo che l'avresti detto," esclamò Rosemary. "Perché no? Io lo voglio. Questo non è un motivo? E inoltre, leggiamo spesso di queste cose. Ho deciso – "

"But," said Philip slowly, and he cut the end of a cigar, "she's so astonishingly pretty."

"Ma," disse Philip a bassa voce, e tagliò il fondo del sigaro, "lei è così incredibilmente bella".

"Pretty?" Rosemary was so surprised that she blushed. "Do you really think so? I – I hadn't thought about it."

"Bella?" Rosemary era così sorpresa che arrossì. "Lo pensi davvero? Io – io non ci avevo pensato."

"Good Lord!" Philip lit the cigar. "She's absolutely lovely. Look at her again, my dear. I was so surprised when I came into your room! I think you're making a big mistake.

"Buon Dio!" Philip accese il sigaro. "Lei è incredibilmente adorabile. Guardala di nuovo, cara mia. Sono rimasto così sorpreso quando sono entrato nella tua stanza! Penso tu stia facendo un grande errore.

Sorry, darling, if I'm so frank. But if Miss Smith is going to dine with us, give me time to find her position in society."

Mi dispiace, cara, se sono così franco. Ma se la Signorina Smith ha intenzione di cenare con noi, dammi il tempo di trovare la sua posizione in società."

"You absurd creature!" said Rosemary, and went out of the library, but not back to her bedroom. She went to another room and sat down for a moment.

"Tu, creatura assurda!" disse Rosemary, e uscì dalla libreria, ma non ritornò nella sua camera da letto. Andò in un'altra stanza e si sedette un momento.

Pretty! Absolutely lovely! Her heart beat like a heavy bell. Pretty! Lovely!

Bella! Assolutamente adorabile! Il suo cuore batteva come una pesante campana. Bella! Adorabile!

She drew her check book towards her. But no, checks would be of no use, of course.

Avvicinò a sé il suo libretto degli assegni. Ma no, gli assegni non sarebbero stati di alcuna utilità, ovviamente.

She opened a drawer and took out five one-pound banknotes, looked at them, then put two back, and holding the three in her hand, she went back to her bedroom.

Aprì un cassetto e prese cinque banconote da una sterlina, le guardò, poi mise due indietro, e tenendone tre nella mano, ritornò nella sua camera da letto.

Half an hour later Philip was still in the library, when Rosemary came in.

Dopo mezz'ora Philip si trovava ancora nella libreria, quando Rosemary entrò.

"I only wanted to tell you," said she, and leaned against the door and looked at him, "Miss Smith won't dine with us tonight."

"Volevo solo dirti," disse lei, e si appoggiò contro la porta e lo guardò, "la Signorina Smith non cenerà con noi questa sera."

Philip put down the paper. "Oh, what's happened? Previous engagement?"

Philip mise giù il giornale. "Oh, cos'è successo? Precedenti impegni?"

Rosemary came over and sat down by his side. "She insisted on going," she said. "So I gave the poor little creature a present of money.

Rosemary si avvicinò e si sedette al suo fianco. "Ha insistito per andarsene," disse lei. "Quindi ho dato a quella povera piccola creatura un regalo dei soldi.

I couldn't keep her against her will, could I?" she asked softly.

Non potevo trattenerla contro la sua volontà, vero?" chiese a bassa voce.

Rosemary had just put on make-up, and was wearing her pearls. She raised her hands and touched Philip's cheeks.

Rosemary si appena truccò, e indossava le sue perle. Alzò le mani e toccò le guance di Philip.

"Do you like me?" said she.

"I like you very much," he said, "Kiss me."

"Ti piaccio?" disse lei.

"Mi piaci moltissimo," rispose lui, "Baciami."

Then Rosemary said dreamily: "I saw a wonderful little box today. It cost fifty three pounds. May I have it?"

Poi Rosemary con aria sognante disse: "Ho visto una magnifica piccola scatola oggi. Il costo è cinquanta tre sterline. Posso averla?"

"You may, my little wasteful one," said Philip.

"Certo che puoi, mia piccola sprecona," disse Philip.

But that was not really what Rosemary wanted to say.

Ma questo non era esattamente cosa Rosemary voleva dire.

"Philip," she whispered, "am I pretty?"

"Philip," sussurrò, "sono bella?"

Key Vocabulary:

- ***affezionato*** *agg.* [af-fe-zio-nà-to] – affectionate, loving, fond (of).
- ***apprezzare*** *v.tr.* [ap-prez-zà-re] – to appreciate.
- ***srotolare*** *v.tr.* [sro-to-là-re] – to unfold, to unroll, to roll out.
- ***incantevole*** *agg.* [in-can-té-vo-le] – enchanting, charming.
- ***udire*** *v.tr.* [u-dì-re] – to hear.
- ***inchino*** *s.m.* [in-chì-no] – bow; (of woman) curtsy.
  fare un ~ – to curtsy, to bow.
- ***fitta*** *s.f.* [fìt-ta] – pang, twinge, spasm.
- ***mendicante*** *s.m.|f.* [men-di-càn-te] – beggar; mendicant.

- *indietreggiare* v.intr. [in-die-treg-già-re] – to retreat, to step back.
- *fata* s.f. [fà-ta] – fairy.
- *recepire* v.tr. [re-ce-pì-re] – to receive; to take into account.
- *asilo infantile* – daycare centre, kindergarten.
- *trascinare* v.tr. [tra-sci-nà-re] – to drag, to pull; to haul.
- *riscaldarsi* v.rf. [ri-scal-dàr-si] – to warm up, to get warm.
- *talmente* avv. [tal-mén-te] – so; so much.
- *tolto* = past participle of *togliere* – to take off, to remove.
- *traballare* v.intr. [tra-bal-là-re] – to wobble, to rock, to totter.
- *mensola* s.f. [mèn-so-la] – console, shelf.
  ~ *del caminetto* – mantelpiece.
- *sbadato* agg. [sba-dà-to] – absent-minded, thoughtless, heedless.
- *riempire* v.tr. [riem-pì-re] – to fill, to top up; to refill.
- *giacere* v.intr. [gia-cé-re] – to lie (idle); to be situated.
- *sommesso* agg. [som-més-so] – 1. submissive, meek; – 2. (of a sound, voice etc.) subdued, muffled, soft, low.
- *chiacchierata* s.f. [chiac-chie-rà-ta] – chat, talk, natter.
- *ovviamente* avv. [ov-via-mén-te] – obviously, naturally, of course.
- *rimettere* v.tr. [ri-mét-te-re] – to put back; to replace.
- *precedente* agg. [pre-ce-dèn-te] – previous, preceding.
- *truccarsi* v.rf. [truc-càr-si] – to apply (to put on) make-up.
- *sprecone* agg. [spre-có-ne] – wasteful, extravagant, squandering.

15.   Lost in the Post *(after A. Philips)* / Perdute nella Corrispondenza

It was not only the fact of knowing that the letter was addressed to his wife that made Ainslie nervous.

Non era solo il fatto di sapere che la lettera era indirizzata a sua moglie che aveva reso nervoso Ainslie.

It was the sudden familiarity of his own name, in thousands of others he had seen that night. At first, being very tired, he failed to understand. He was holding the envelope in his hand for the whole minute.

Era l'improvvisa familiarità del suo stesso nome, tra mille altri visti quella notte. All'inizio, essendo molto stanco, non riuscì a capire. Teneva la busta tra le mani per un intero minuto.

Then his face reddened. Furious jealousy had overwhelmed him.

Poi il suo viso arrossì. Venne travolto da una furiosa gelosia.

He turned the letter over and over in his fingers. It had an Australian stamp. The postmark was Melbourne. The address was written in a round letters.

Rigirò più volte la lettera tra le dita. Aveva un francobollo australiano. Il timbro postale indicava Melbourne. L'indirizzo era scritto a caratteri rotondi.

And Ainslie knew that the sender was Dicky Soames, his wife's cousin, whom he hated more than any man in a world. Six months ago the postman handed him such another letter. He had thrown it into the fire.

Ed Ainslie sapeva che il mittente era Dicky Soames, il cugino di sua moglie, che lui odiava più di qualsiasi altro uomo al mondo.

Sei mesi prima il postino gli consegnò una lettera simile. L'aveva gettata nel fuoco.

Ainslie had a real cause for jealousy. His wife was frank, a splendid house keeper, a very good mother to their two children. But Ainslie (hard-working and anxious to succeed) was almost a maniac.

Ainslie aveva un motivo reale per quella gelosia. Sua moglie era una persona sincera, una splendida casalinga ed un'ottima madre per i loro due figli. Ma Ainslie (laborioso e ansioso di avere successo) era talmente fissato.

He could not believe that though he had married Adela Morton, she did not have affection for the lazy and irresponsible cousin who had courted her so long.

Non riusciva a credere che, nonostante avesse sposato Adela Morton, lei non provasse alcun affetto per quel cugino pigro e irresponsabile che l'aveva corteggiata per così tanto tempo.

The fact that Dicky Soames many years ago had gone out to join his – and Adela's – uncle at Melbourne store made no difference to him. He was sure that someday his rival would return and take Adela from him.

Il fatto che Dicky Soames se ne era andato via per raggiungere suo – e di Adela – zio a Melbourne, a lui non faceva alcuna differenza. Era certo che un giorno il suo rivale sarebbe ritornato e gli avrebbe portato via Adela.

While he stood at the sorting table he made up his mind to have the letter at all costs. And he must have it now.

Mentre se ne stava in piedi davanti al tavolo di smistamento, decise di avere di quella lettera a tutti i costi. E doveva averla ora.

Instinctively his hand that held the letter went towards the right pocket of the coat. Then it stopped. Ainslie, caught by a sudden fear, had looked quickly around.

Istintivamente, la mano che teneva la lettera andò verso la tasca destra del cappotto. Poi si fermò. Ainslie, preso da una paura improvvisa, si guardò velocemente intorno.

It was well for him that he did so, because behind him stood one of the supervisors. Ainslie put the letter on the appropriate heap and went on working.

E fu un bene che l'avesse fatto, perché dietro a lui c'era uno dei supervisori. Ainslie mise la lettera sul mucchio adatto e continuò a lavorare.

Once or twice during breaks in the work he glanced behind him to see if he was still being watched. The supervisor stayed there – and stared at him. It was clear that he had seen Ainslie gesture and therefore thought the worst.

Una o due volte durante le pause di lavoro, si guardò alle spalle per vedere se c'era ancora qualcuno che lo controllava. Il supervisore era sempre là – e lo fissava. Era chiaro che aveva visto il gesto di Ainslie e che quindi pensava al peggio.

Quite soon Ainslie's chance was gone. The pile of sorted letters have been taken over to the postmen's tables at the far end of the room.

Ben presto la possibilità di Ainslie era svanita. Il mucchio di lettere smistate venne portata al tavolo del postino in fondo alla stanza.

The letters and among them the letter for Ainslie's wife, would remain there until the next morning, and taken out for delivery a few minutes before Ainslie came back to work again.

Tutte le lettere e tra di esse la lettera per la moglie di Ainslie, sarebbero rimaste là fino al mattino successivo, e poi portate fuori per la consegna alcuni minuti prima che Ainslie ritornasse di nuovo al lavoro.

At ten o'clock the office would be closed and the doors would be locked; and to find out what Dicky Soames had written would be impossible.

Alle dieci l'ufficio avrebbe chiuso e le porte chiuse a chiave; e scoprire cosa aveva scritto Dicky Soames sarebbe stato impossibile.

Unless...Unless? The idea struck him. Could he get into the office after it was closed? Was it possible to do it without the key?

Salvo che... Salvo che? Improvvisamente gli venne un'idea. Poteva entrare nell'ufficio dopo la sua chiusura? Era possibile farlo senza la chiave?

Then, smiling he remembered that once a clerk, forgot some valuables in his working coat, and had got in through the skylight of the long, low roof. What could be done once could be done again.

Poi, sorridendo si ricordò che una volta un impiegato aveva dimenticato alcuni oggetti di valore nel suo cappotto da lavoro, ed era entrato attraverso il lucernario del tetto lungo e basso. Cosa era stato fatto una volta poteva essere rifatto di nuovo.

He would be able to get the letter after all. And then? Well, he would show his wife the clear evidence of the disloyalty of which he had so long suspected her.

Dopotutto sarebbe riuscito ad ottenere la lettera. E poi? Beh, avrebbe mostrato a sua moglie la chiara evidenza della slealtà di cui aveva sospettato in lei da lungo tempo.

He did not care about the supervisor now; he had something better to think of. He worked hard at the table, trying only to kill time.

Ora non si preoccupava più del supervisore; aveva di meglio a cui pensare. Aveva lavorato duro al tavolo, solo per far passare il tempo.

At last the work day was over. He had changed his coat, and went out into the street – to watch.

251

Finalmente la giornata di lavoro era finito. Aveva cambiato il suo cappotto e uscì in strada – a guardare.

He saw the sorters leave in groups, he saw the electric lights put out. He heard the supervisor lock the doors. He waited a little longer. It was half past ten when he left his hiding place.

Vide gli smistatori andare via in gruppi, vide spegnersi la luce elettrica. Sentì il supervisore chiudere a chiave le porte. Aspettò ancora un po'. Erano le dieci e mezza quando uscì dal suo nascondiglio.

He hurried to the back of the building. It was easy to climb the gate of the big yard and he was soon over it.

Si affrettò verso il retro dell'edificio. Era facile scavalcare il cancello del grande cortile e presto si ritrovò dall'altra parte.

He knew that the doors of the sorting office were locked from within. The skylight was the only possible entrance.

Sapeva che le porte dell'ufficio di smistamento erano chiuse dall'interno. Il lucernario era l'unica possibilità per entrare.

Close by the doors of the sorting office there was a tall telegraph pole. It had metal footholds for the electricians. Ainslie jumped up, caught at the lowest foothold and began to climb.

Vicino alle porte dell'ufficio di smistamento c'era un alto palo del telegrafo. Esso aveva dei punti di appoggio in metallo per gli elettricisti. Ainslie fece un salto e afferrò il punto di appoggio più basso, poi iniziò ad arrampicarsi.

Soon he was on the roof. He raised a skylight, put his feet through, lowered himself and stood on the top desk of a sorting table. Then he jumped to the floor.

Presto si trovò in cima al tetto. Sollevò il lucernario, vi fece passare i piedi, si calò e si trovò sopra al tavolo di smistamento. Poi saltò sul pavimento.

He struck a match and found himself close to the postmen's tables. Knowing exactly on which the letter would be, he hurried across the room and switched on the light. He took a bundle of letters and quite soon found what he sought.

Accese un fiammifero e si ritrovò vicino al tavolo del postino. Sapendo esattamente su quale tavolo si trovava la lettera, si affrettò attraverso la stanza e accese la luce. Prese un pacco di lettere e in poco tempo trovò cosa stava cercando.

Suddenly something seemed to creak in the opposite part of the office. It was only the echo of his own movement, but he got frightened.

Improvvisamente, qualcosa sembrò scricchiolare nella parte opposta dell'ufficio. Era solo l'eco dei suoi movimenti, ma si spaventò.

There in full light he stood, staring into the surrounding darkness. He took a step forward, "Who's there?" he whispered.

Se ne stava lì in piena luce fissando l'oscurità circostante. Fece un passo in avanti, "Chi c'è là?" sussurrò.

The roof and distance echoed back an answer. Ainslie, beside himself with fear, threw Dicky's Soames letter into a fireplace that was near him.

Il tetto e la distanza risposero con un eco. Ainslie, fuori di sé dalla paura, gettò la lettera di Dicky Soames in un caminetto vicino a sè.

Ainslie faced the darkness once more. "Who's there?" he called more loudly because of his growing fear. Again the roof and distance echoed back their answer.

Ainslie affrontò il buio ancora una volta. "Chi c'è là?" disse a voce più alta dalla paura che aumentava sempre più. Ancora, il tetto e la distanza risposero con un eco.

This time he understood that his fears had been vain. He began to curse himself for destroying the evidence for which he had risked his career.

Questa volta capì che le sue paure erano state vane. Cominciò a maledire se stesso per aver distrutto l'evidenza per cui aveva rischiato la sua carriera.

He climbed out of the building on to the roof, down the telegraph pole and into the yard again. Then he was soon over the gate. But as soon as he was on the ground he felt a strong arm seize him.

Si arrampicò fuori dall'edificio salendo sul tetto, scese dal palo del telegrafo e arrivò di nuovo in cortile. Poi si trovò presto dall'altra parte del cancello. Ma appena si ritrovò a terra sentì un forte braccio afferrarlo.

Ainslie struggled fiercely, but in vain. In desperation he jumped back to strike with all his force. The single lamp outside the door lit up his captor's face.

Ainslie lottò ferocemente, ma invano. Nella disperazione, balzò indietro per colpire con tutta la sua forza. L'unica lampada fuori dalla porta illuminò il viso della persona che lo aveva catturato.

Ainslie was stunned. "Good heavens, it's the postmaster!" he cried. He was right. It was one of the rare nights on which his chief made a surprise visit to the building.

Ainslie era impietrito. "Santo cielo, è il direttore di posta!" urlò. Aveva ragione. Era una delle rare notti in cui il suo capo faceva una visita improvvisata all'edificio.

The other stood still after hearing the sound of Ainslie's voice. "Oh, it's Ainslie!"

"Yes, sir, it's me," said Ainslie, feebly.

L'altro rimase immobile dopo sentendo la voce di Ainslie. "Oh, è Ainslie!"

"Sì, signore, sono io," disse Ainslie, a fatica.

"This is very serious, Ainslie," said the postmaster. "What's your explanation?"

"Questa è una cosa molto seria, Ainslie," disse il direttore di posta. "Qual è la tua spiegazione?"

If Ainslie had told the whole truth, the chief, who was a humane person, would have understood and forgiven. But shame... No, he could not tell him the truth.

Se Ainslie avesse raccontato tutta la verità, il capo, che era una persona umana, avrebbe capito e lo avrebbe perdonato. Ma che vergogna... No, non poteva dirgli la verità.

"I went in for a letter," he stammered.

"Sono entrato per una lettera," balbettò.

The postmaster frowned.

Il direttore di posta aggrottò la fronte.

"You went in for a letter?" he repeated. "At this time of night?"

"Yes, sir," said Ainslie. "It was an important letter and I wanted it at once."

"Sei entrato per una lettera?" ripetè lui. "A quest'ora della notte?"

"Sì, signore," disse Ainslie. "Era una lettera importante e la volevo subito."

The chief looked doubtful. "How did you get in?" he demanded.

Ainslie told him.

Il capo sembrava dubbioso. "Come sei entrato?" chiese.

Ainslie glielo disse.

The other shook his head. "If I were a police officer," he said, "I should put you in prison right away; but as I'm only a postmaster I shan't do that.

L'altro scosse la testa. "Se io fossi un poliziotto," disse, "dovrei metterti in prigione immediatamente; ma siccome sono solo un direttore di posta non lo farò.

But you'll be suspended from your duty for suspicious conduct. You won't come back till you hear further. Do you understand?"

Ma tu sarai stato sospeso dal tuo servizio per condotta sospetta. Non ritornerai finché non avrai future notizie. Hai capito?"

Ainslie stood speechless. Should he tell him everything? No, it was impossible. His shame was too great.

Ainslie rimase senza parole. Doveva raccontargli tutto? No, era impossibile. La sua vergogna era troppo grande.

"Very good, sir," he said; yet, before he turned away, he asked:

"Is there any chance that I shall be taken back, sir?"

"Molto bene, signore," disse lui; ma prima di andarsene chiese:

"Ho qualche possibilità di essere riassunto, signore?"

The chief faced him. "I can give you no hope whatever," he answered briefly. Ainslie went home.

Il capo lo affrontò. "Non posso darti alcun tipo di speranza,"
rispose brevemente. Ainslie se ne andò a casa.

When he came into the room where his wife was sitting and waiting for him, she knew that something terrible had happened.

Quando entrò nella stanza dove sua moglie era seduta ad aspettarlo, lei sapeva che era accaduto qualcosa di terribile.

There was a strange expression on his face; his walk was that of an old man, all his energy seemed gone.

C'era una strana espressione sul suo volto; la sua camminata era quella di un vecchio, tutta la sua energia sembrava sparita.

"What's happened, dear?" she asked. "Tell me everything."

"Cos'è accaduto, caro?" chiese lei. "Raccontami tutto."

He told her what he had told the postmaster. He mistrusted her still; but most of all, he was ashamed.

Le raccontò la stessa storia che aveva raccontato al direttore di posta. Diffidava ancora di lei; ma soprattutto, si vergognava.

"What was the letter you went back for?" she said.

Ainslie hesitated. Then stammering he told the lie:

"La lettera per cui sei ritornato indietro, che cos'era?"

Ainslie era titubante. Poi balbettando raccontò la bugia:

"It was about that old bookcase," he said. "I – I was in a hurry. I had an offer for it, and I wanted to know if Greaves would sell it to me."

"Si trattava di quella vecchia libreria," disse. "Io – io avevo fretta. Mi avevano proposto un'offerta, e volevo sapere se Greaves me l'avrebbe venduta."

Mrs. Ainslie, looking at him with her serious grey eyes, saw that he was lying. But she said nothing.

La Signora Ainslie, fissandolo seriamente con i suoi occhi grigi, vedeva che stava mentendo. Ma non disse nulla.

"There's no hope of you being kept on?" she asked.

Ainslie shook his head.

"Non c'è alcuna speranza che ti tengano?" chiese lei.

Ainslie scosse la testa.

"None whatever," he said. "Could anything be worse against a man? My God! The children! What are we going to do?"

"Assolutamente no," disse lui. "Potrebbe esserci qualcosa di peggio contro un uomo? Mio Dio! I bambini! Cosa faremo ora?"

His wife got up and came to him. She loved him. And despite that he had lied to her, she kissed him tenderly.

Sua moglie si alzò e si avvicinò a lui. Lo amava. E nonostante che le aveva mentito, lo baciò con tenerezza.

"There's no need to despair," she said. "It may turn out very well.

"Non c'è alcun bisogno di disperarsi," disse lei. "La questione potrebbe concludersi molto bene.

You have a good trade that you learned before going to work for the Post Office. And you know more about old furniture than any other man in Belbow."

Hai un buon mestiere che hai imparato prima di andare a lavorare per l'Ufficio Postale. E sai di più su mobili antichi che qualunque altro uomo a Belbow."

His wife sat down on the arm of his chair.

Sua moglie si sedette sul bracciolo della sua sedia.

"But," objected Ainslie, "a shop requires capital and we have none. And where are we going to get old things to begin with?"

"Ma," obiettò Ainslie, "un negozio richiede capitale e noi non ne possediamo. E dove prenderemo gli oggetti antichi per iniziare?"

Mrs. Ainslie waved her hand round the room at the furniture.

La Signora Ainslie agitò la mano intorno alla stanza indicando i mobili.

"My dear," she said proudly, "look at all the beautiful things that we were able to get together? We've managed to get them for next to nothing.

"Mio caro," disse lei con orgoglio, "guarda a tutte le cose meravigliose che siamo riusciti insieme ad avere. Siamo riusciti ad averle quasi per niente.

"We'll transform this old house into a shop like the antique house at Murcester and live among the things that we sell.

"Trasformeremo questa vecchia casa in un negozio come l'antica casa a Murcester e vivremmo tra le cose che vendiamo.

I'll deal with customers and you shall go round the country on a bicycle finding other things. Oh, we'll make it a success! And you won't be away from me as it had been with your Post Office job."

Io tratterò con i clienti e tu girerai il paese in bicicletta trovando altre cose. Oh, ce la faremo un successo! E non sarai lontano da me come era stato con il tuo lavoro all'Ufficio Postale!"

Her courage extinguished the last spark of jealousy in Ainslie's heart.

Il coraggio di sua moglie spense l'ultima scintilla di gelosia nel cuore di Ainslie.

Perhaps, for the first time in his life, he took her in his arms feeling that she belonged to him heart and soul.

Forse, per la prima volta nella sua vita, la prese tra le sue braccia sentendo che lei gli apparteneva anima e corpo.

"Oh, my dear," he cried, happy at last. "I'll show you what I can do. Together we'll make it a success, in spite of everything!"

"Oh, mia cara," urlò, finalmente felice. "Ti farò vedere io di cosa sono capace. Insieme ce la faremo un successo, nonostante tutto!"

As he had already been told by the postmaster, there was no hope for Ainslie to go back to the Post Office.

Come gli era già stato detto dal direttore di posta, non c'era alcuna speranza per Ainslie di ritornare all'Ufficio Postale.

After a month the letter of dismissal came. He showed it to his wife in silence. She took the letter and threw it into the fire.

Dopo un mese arrivò la lettera di dimissione. La mostrò a sua moglie in silenzio. Lei prese la lettera e la gettò nel fuoco.

"That belongs to the past!" she said. "The present and the future belong to us!"

"Quella appartiene al passato!" disse lei. "Il presente e il futuro appartengono a noi!"

But despite her and Ainslie's determination to succeed, the struggle was intense – the battle was often against them.

Ma nonostante tutta la determinazione di lei e di Ainslie per arrivare al successo, la lotta era intensa – la battaglia era spesso contro di loro.

At times he did not know what to do. He was just making a bare living – and no more.

*C'erano periodi in cui non sapeva più cosa fare.
Guadagnava appena a sufficienza per vivere – e niente di più.*

Then slowly, very slowly, things began to improve. He began to gain a reputation for fair dealing and good work.

Poi lentamente, molto lentamente, le cose iniziarono a migliorare. Iniziò a farsi una reputazione per la sua correttezza commerciale e buon lavoro.

One afternoon when he came home he found that his wife was serving tea to a chubby man, who greeted him as an old acquaintance.

Un pomeriggio, quando ritornò a casa, trovò che sua moglie stava servendo del tè ad un uomo paffuto, che lo salutò come una conoscenza di vecchia data.

"Good Lord, it's Dicky Soames!" cried Ainslie. "How long have you been here?"

"Buon Dio, è Dicky Soames!" urlò Ainslie. "Da quanto tempo sei qui?"

"Two hours," said the other. He shook hands cordially, but he looked at Ainslie as if he despised him.

"Due ore," rispose l'altro. Gli strinse la mano cordialmente, ma ha guardato Ainslie come se lo disprezzasse.

Ainslie smiled back without any trace of jealousy in his heart.

"I hope Adela has kept you well entertained," he said.

Ainslie ricambiò il sorriso senza alcuna traccia di gelosia nel cuore.

"Mi auguro che Adela sia stata di buona compagnia," disse lui.

Dicky Soames laughed. "Well, it's I who've been doing all the talking. You see, I had some business to discuss with Adela!"

Dicky Soames si mise a ridere. "Beh, sono io che ho mantenuto viva la conversazione. Vedi, avevo degli affari da discutere con Adela!"

Mrs. Ainslie looked at her husband. "Uncle Tom's dead," she explained, "and Dicky inherited some money. How much is it, Dicky?"

La Signora Ainslie guardò suo marito. "Lo zio Tom è deceduto," spiegò lei, "e Dicky ha ereditato del denaro. Quanto, Dicky?"

"Thirty thousand pounds!" said Dicky Soames proudly.

"Trenta mila sterline!" disse Dicky Soames con orgoglio.

Ainslie shook his hand warmly. "I congratulate you," he exclaimed. "You're in luck. Isn't he, Adela?"

Ainslie gli strinse la mano calorosamente. "Mi congratulo con te," esclamò. Sei fortunato. Vero Adela?"

Mrs. Ainslie turned to Dicky.

La Signora Ainslie si voltò verso Dicky.

"Tell Arthur the rest," she said quietly.

"Racconta ad Arthur il resto," disse lei con calma.

Dicky for some reason or other seemed uncomfortable. He cleared his throat several times before he said: "He left Adela five hundred; he looked at Adela for a second, then he turned away.

Dicky per qualche motivo sembrava sentirsi a disagio. Si schiarì la voce diverse volte prima di dire: "Ha lasciato ad Adela cinquecento sterline;" guardò Adela per un secondo, poi si voltò dall'altra parte.

Ainslie glanced at his wife. She nodded.

"How splendid!" he said. "You don't know what it means to us, Dicky!"

Ainslie lanciò uno sguardo a sua moglie. Le annuì.

"Che meraviglia!" disse lui. "Non sai cosa questo significhi per noi, Dicky!"

But the visitor looked more uncomfortable than ever. Ainslie noticed it as last.

Ma l'ospite sembrava più a disagio che mai. Ainslie finalmente lo notò.

"What's the matter?" he asked.

"Cosa succede?" chiese lui.

"Well, you see," stammered the other, "the old chap left something over sixty thousand, and he wished Adela to have half.

"Beh, vedi," balbettò l'altro, "il vecchio ha lasciato qualcosa oltre i sessanta mila, e ha espresso il desiderio che Adela ne ricevesse la metà.

But after he got paralyzed he began to get funny. He was greatly offended because Adela never answered two letters I wrote to her for him.

Ma da quando è diventato paralizzato ha iniziato a comportarsi in modo strano. Era molto offeso perché Adela non aveva risposto a due lettere che io avevo scritto per lui.

Then he altered his will and left her share to hospitals.

Poi ha modificato il suo testamento lasciando la sua parte a degli ospedali.

I did all I could to convince him that she'd never got his letters, but he wouldn't listen to it. Nothing would move the old chap when he'd once got thing into his head."

Ho fatto il possibile per cercare di convincerlo che lei non aveva mai ricevuto le sue lettere, ma non ne voleva sapere. Niente poteva smuovere il vecchio quando si metteva in testa una cosa."

He paused and looked at Ainslie. But Ainslie's eyes were on his wife's. His face was as white as paper, and his teeth were chattering.

Fece una pausa e guardò Ainslie. Ma gli occhi di Ainslie fissavano quelli di sua moglie. Il suo viso era bianco come la carta, e batteva i denti.

Dicky Soames suspicions were confirmed. He despised Ainslie for many reasons, and he was convinced that it was Ainslie's fault that Adela has lost her share of the inheritance.

I sospetti di Dicky Soames furono confermati. Lui disprezzava Ainslie per molti motivi, ed era convinto che la colpa era di Ainslie che Adela aveva perso la sua parte di eredità.

"It's strange about those two letters," he said. "I wonder – I've often wondered what had happened to them!"

"Strano, per quelle due lettere," disse lui. "Mi chiedo – mi sono spesso chiesto che cosa fosse successo di loro!"

Mrs. Ainslie got up and came to her husband's side.

La Signora Ainslie si alzò dirigendosi a fianco del marito.

"Only one thing could have happened to those two letters," she said and faced Dicky Soames with the light of battle in her eyes.

"Solo una cosa può essere accaduta a quelle due lettere," disse lei, e affrontò Dicky Soames con la luce della battaglia nei suoi occhi.

Dicky stared. "What was that?" he asked, amazed at her manner.

Dicky la fissò. "Cos'è stato?" chiese lui, stupito dai suoi modi.

Still looking at her visitor Adela put her fingers into her husband's ice-cold hand.

Ancora guardando il suo ospite, Adela mise le sue dita nella mano gelata del marito.

"They were surely lost," said she. At that moment Ainslie realized that his wife knew everything.

"Sicuramente sono andate perse," disse lei. In quel momento Ainslie si rese conto che sua moglie era a conoscenza di tutto.

Key Vocabulary:

- **rendere** *v.tr.* [rèn-de-re] – 1. to return, to give back; to render. – 2. to cause to become, to make.
  ~ **nervoso** – to make nervous.
- **travolgere** *v.tr.* [tra-vòl-ge-re] – to run over; to overwhelm.
- **carattere** *s.m.* [ca-ràt-te-re] – type, typeface; letter; character.
- **timbro** *s.m.* [tìm-bro] – stamp, postmark.
- **mittente** *s.m.|f.* [mit-tèn-te] – sender, mailer.
- **fissato** *s.m.* [fis-sà-to] – maniac, fan; *agg.* – fixed, hooked (on).
- **pigro** *agg.* [pì-gro] – lazy.
- **smistamento** *s.m.* [smi-sta-mén-to] – sorting (mail etc.).
- **mucchio** *s.m.* [mùc-chio] – heap, pile.
- **adatto** *agg.* [a-dàt-to] – suitable, appropriate, suited.
- **lucernario** *s.m.* [lu-cer-nà-rio] – skylight, roof light.
- **ottenere** *v.tr.* [ot-te-né-re] – to obtain, to get, to attain.
- **slealtà** *s.f.* [sle-al-tà] – disloyalty, dishonesty, unfaithfulness.
- **nascondiglio** *s.m.* [na-scon-dì-glio] – hideout, hiding place.
- **punto di appoggio** – foothold; (lit). point of support.
- **afferrare** *v.tr.* [af-fer-rà-re] – to grab; to grasp; to catch.
- **calare** *v.tr.* [ca-là-re] – to lower; to go/move down.
- **scricchiolare** *v.intr.* [scric-chio-là-re] – to creak, to squeak.

- *maledire* v.tr. [ma-le-dì-re] – to curse.
- *lottare* v.intr. [lot-tà-re] – to fight, to struggle.
- *impietrito* agg. [im-pie-tri-mén-to] – stunned, thunderstruck.
- *vergogna* s.f. [ver-gó-gna] – shame; embarrassment.
- *aggrottare* v.tr. [ag-grot-tà-re] – to pucker, to wrinkle. ~ *la fronte* – to frown.
- *scuotere* v.tr. [scuò-te-re] – to shake; ~ *la testa* – *to shake one's head.*
- *condotta* s.f. [con-dót-ta] – behaviour, conduct.
- *assumere* v.tr. [as-sù-me-re] – 1. to assume; to undertake. – 2. to employ, to hire; *ri~* – to reassume, to resume; to re-employ, to take back.
- *diffidare* v.tr. [dif-fi-dà-re] – to distrust, to mistrust.
- *titubante* agg. [ti-tu-bàn-te] – indecisive, hesitant, unsure. *essere ~* – to hesitate.
- *mestiere* s.m. [me-stiè-re] – trade; skill; job, profession.
- *obiettare* v.tr. [o-biet-tà-re] – to object.
- *possedere* v.tr. [pos-se-dé-re] – to possess, to have; to own.
- *trattare* v.tr. [trat-tà-re] – to treat; to handle; to deal with.
- *correttezza* s.f. [cor-ret-téz-za] – correctness, accuracy. ~ *commerciale* – fair dealing/trading.
- *paffuto* agg. [paf-fù-to] – plump, chubby.
- *conoscenza* s.f. [co-no-scèn-za] – 1. knowledge, acquaintance; – 2. consciousness. *una ~ di vecchia data* – an old acquaintance.
- *disprezzare* v.tr. [di-sprez-zà-re] – to despise, to hate.
- *augurare* v.tr. [au-gu-rà-re] – to wish; to hope.
- *decedere* v.intr. [de-cè-de-re] – to die, to decease.
- *ereditare* v.tr. [e-re-di-tà-re] – to inherit.
- *calorosamente* avv. [ca-lo-ro-sa-mén-te] – warmly, heartily.
- *schiarire* v.tr. [schia-rì-re] – to clear, to lighten. *schiarirsi la voce* – to clear one's throat.
- *disagio* s.m. [di-sà-gio] – discomfort, uneasiness.
- *smuovere* v.tr. [smuò-ve-re] – to budge, to move, to shift.
- *chiedersi* v.rf. [chiè-der-si] – to ask oneself, to wonder.

16.   The Burglary *(after A. Bennett)* / Il Furto

Lady Dain said: "Jee, if that portrait stays there much longer, you'll have to take me to Pirehill one of these fine mornings."

Lady Dain disse: "Jee, se quel ritratto rimane qui per un altro po', dovrai portarmi a Pirehill una di queste belle mattine."

Pirehill is the seat of the great local hospital, but it is also the seat of the great local lunatic asylum; and when the inhabitants of the Five Towns say "Pirehill", they mean the asylum.

Pirehill era la sede del grande ospedale locale, ma era anche la sede del grande manicomio locale; e quando gli abitanti di Five Towns dicevano "Pirehill", intendevano dire il manicomio.

"I can't enjoy my food now," said Lady Dain, "and it's all because of the portrait."

"Non riesco proprio a gustarmi il cibo ora," disse Lady Dain, "ed è tutta colpa di quel ritratto."

She looked at the big oil painting which faced her while she was sitting at the breakfast table in her large dining room.

Lei guardò il grande dipinto ad olio che ha affrontato mentre era seduta al tavolo della colazione nella sua ampia sala da pranzo.

Sir Jehoshaphat made no remark. Despite the undeniable fact that it was generally disliked in the Five Towns, the portrait had cost a thousand pounds, and though it had been painted only two years before it was worth at least fifteen hundred in the picture market. Because it was a Cressage; and not only was it a Cressage – it was one of the best Cressage in existence.

Sir Jehoshaphat non fece alcun commento. Nonostante l'indiscutibile fatto che era per lo più disprezzato a Five Towns, il ritratto era costato un migliaio di sterline, e sebbene fosse stato dipinto solo due anni prima aveva un valore di almeno millecinquecento sterline nel mercato dell'arte. Perché era un Cressage; e non solo era un Cressage – era uno dei più migliori Cressage esistenti.

It marked the summit of Sir Jehoshaphat's career, which was perhaps the most successful and brilliant in the history of the Five Towns.

Aveva segnato l'apice della carriera di Sir Jehoshaphat, che era forse la persona più brillante e di maggior successo nella storia di Five Towns.

This famous man was the principal partner in Dain Brothers firm. His brother was dead, but two of Sir Jee's sons worked in the firm.

Questo noto uomo era il partner principale nella società Dain Brothers. Suo fratello era morto, ma due dei figli di Sir Jee lavoravano nell'azienda.

Dain Brothers were the largest manufacturer of cheap earthenware in the district connected mainly with the American and Colonial buyers.

Dain Brothers era la più grande produttrice di oggetti in terracotta a buon mercato della zona, collegati principalmente con acquirenti americani e coloniali.

They had an extremely bad reputation for cutting prices. They were hated by every firm in the Five Towns.

Avevano una pessima reputazione per quanto riguarda la riduzione dei prezzi. Erano odiati da ogni azienda di Five Towns.

If someone would have heard tales of the rivalry between manufacturers he would have the impression that Sir Jee has acquired a very large fortune by systematically selling goods below their cost.

Se qualcuno avrebbe sentito storie di rivalità tra i produttori, avrebbe avuto l'impressione che Sir Jee avesse accumulato una grande fortuna vendendo beni sistematicamente ad un prezzo inferiore al loro costo.

They were also hated by eighteen or nineteen hundred employees. But such hatred had not stopped the progress of Sir Jee's career.

Erano anche detestati da milleottocento o millenovecento dipendenti. Ma tale odio non aveva fermato il progresso della carriera di Sir Jee.

The Five Towns might laugh at his snobbishness or at his calculated philanthropy, but he was undoubtedly the best known man in the Five Towns. And it was just his snobbishness and his philanthropy which had carried him to the top.

A Five Towns si poteva anche ridere del suo snobismo o della sua falsa filantropia, ma era indubbiamente l'uomo più conosciuto di Five Towns. Ed era proprio il suo snobismo e la sua filantropia che lo avevano portato alla vetta.

Moreover he had been the first public man in the Five Towns to get a Knighthood. The Five Towns could not deny that it was really proud of this Knighthood, and was Sir Jee not the father of his native borough? Had he not been three times mayor of his native borough?

Inoltre, fu il primo uomo pubblico a Five Towns ad ottenere un cavalierato. Five Towns non poteva negare di andare fiera di questo cavalierato, e non era stato Sir Jee il padre del suo paese nativo? Non era stato per tre volte eletto sindaco del suo paese nativo?

Therefore it was not surprising that a moment came for making Sir Jee a gift worthy to express the profound esteem which he officially held in the Five Towns. It was decided that the gift should be a portrait; a local dilettante had suggested Cressage.

Pertanto, non c'era da meravigliarsi se era arrivato il momento di fare un regalo a Sir Jee degno di esprimere la profonda stima che ufficialmente manteneva a Five Towns. Fu deciso che il dono sarebbe stato un ritratto; un dilettante del luogo suggerì Cressage.

When the Five Towns had inquired into Cressage and discovered that genius from the United States was well-known in the civilized world and was comparable to Velasquez (whoever Velasquez might be) and that he had painted half the aristocracy, the suggestion was accepted and Cressage was contacted.

Quando Five Towns fece delle ricerche su Cressage e scoprirono che era un talento negli Stati Uniti, ben noto al mondo civilizzato e paragonabile a Velasquez (chiunque Velasquez fosse), e che aveva dipinto metà degli aristocratici, il suggerimento fu accettato e Cressage venne contattato.

Cressage agreed to paint Sir Jee's portrait on his usual conditions. Sir Jee should go to the village in Bedfordshire where Cressage had his studio, and that the painting will be exhibited at the Royal Academy before it was shown anywhere else.

Cressage accettò di dipingere il ritratto di Sir Jee alle sue solite condizioni. Sir Jee doveva recarsi al villaggio a Bedfordshire dove Cressage aveva il suo studio, e che il dipinto sarebbe stato esposto alla Royal Academy prima di essere mostrato altrove.

Sir Jee went to Bedfordshire and was rapidly painted and he came back gloomy. Later the presentation committee went to Bedfordshire to inspect the portrait, and they too came back gloomy.

Sir Jee andò a Bedfordshire e venne ritratto in pochissimo tempo, poi ritornò a casa avvilito. In seguito, anche il comitato di presentazione andò a Bedfordshire per ispezionare il ritratto, ma anche loro ritornarono a casa avviliti.

Then the Academy Exhibition opened and the portrait, showing Sir Jee in his robe and chain sitting in the armchair, was instantly declared to be the most glorious masterpiece of modern times.

Poi la Academy Exhibition aprì e il ritratto che raffigurava Sir Jee con indosso la sua vestaglia e la catenina seduto su una poltrona, venne istantaneamente dichiarato come il più glorioso capolavoro dei tempi moderni.

All the critics were of the same opinion. The committee and Sir Jee were reassured, but only partially (and Sir Jee less than the committee) because there was something in the enthusiastic criticism which disturbed them.

Tutti i critici erano dello stesso parere. Il comitato e Sir Jee vennero rassicurati, ma solo in parte (e Sir Jee meno del comitato) perché c'era qualcosa di strano in quelle critiche entusiaste che li turbava.

One critic wrote that Cressage was able to display even more than his usual insight into character. Another critic wrote that Cressage's observation was as usual "calm and hostile". Another referred to the "typical provincial mayor, made immortal for future ages".

Un critico scrisse che Cressage era stato in grado di rappresentare anche di più del suo solito intuito nel personaggio. Un altro critico scrisse che l'osservazione di Cressage era come di norma "calma e ostile." Un altro lo menzionò come il "tipico sindaco di provincia, reso immortale per le ere future".

Inhabitants of the Five Towns went to London to see the work for which they had subscribed, and they saw a miserable, little old man with thin lips and grey beard, and a hostile expression on his face, looking ridiculous in his office.

Gli abitanti di Five Towns andarono a Londra a vedere l'opera per la quale avevano aderito, e videro un misero vecchietto con labbra sottili e una barba grigia, con un'espressione ostile sul volto e dall'aspetto ridicolo là nel suo ufficio.

The portrait was absolutely lifelike. It was so lifelike that some of the inhabitants of the Five Towns burst out laughing. Many people felt sorry, not for Sir Jee – but for Lady Dain, who was beloved and respected. She was a simple good woman; her only weakness was that she was too gullible.

Il ritratto era assolutamente realistico. Era talmente realistico che alcuni degli abitanti di Five Towns scoppiarono a ridere. Molte persone provarono pena, ma non per Sir Jee – ma per Lady Dain, che era amata e rispettata. Era una donna semplice e buona; il suo unico difetto era quello di essere troppo credulona.

The portrait had been hanging in the dining room of Sheyd Castle about sixteen months, when Lady Dain told her husband that it would drive her crazy.

Il ritratto era appeso nella sala da pranzo del Castello di Sheyd da circa sedici mesi, quando Lady Dain disse al marito che l'avrebbe fatta impazzire.

"Don't be silly wife," said Sir Jee. "I wouldn't part with that portrait for ten times of its cost."

"Non essere sciocca, moglie," disse Sir Jee. Non rinuncerei a quel ritratto nemmeno per dieci volte il suo valore."

This was a lie. Jee actually hated the portrait more than anything else. He would burn the Sneyd Castle in order to get rid of the thing.

Questa era una bugia. Jee, in realtà odiava quel ritratto più di qualsiasi altra cosa. Avrebbe bruciato il Castello di Sneyd per potersi liberare di quella cosa.

But on the previous evening in conversation with the magistrate's clerk an idea of a less expensive scheme than burning down his castle had struck him...

Ma, la sera precedente in una conversazione con l'ufficiale giudiziario, improvvisamente fu illuminato da un'idea molto meno costosa che dar fuoco al suo castello.

That morning Sir Jee shocked Mr. Sherratt, the magistrate's clerk, and Mr. Bourne, chief of the police.

Quella mattina, Sir Jee scandalizzò l'ufficiale giudiziario e il Signor Bourne, capo della polizia.

There had recently occurred a series of burglaries in the district and the burglars had escaped the police.

Recentemente, si erano verificati una serie di furti nel quartiere e i ladri erano riusciti sfuggire alla polizia.

But on the previous afternoon a policeman had caught a man suspected of being responsible for the burglaries. The five Towns breathed a sigh of relief and congratulated Mr. Bourne.

Ma il pomeriggio precedente, un poliziotto aveva catturato un uomo sospettato di essere responsabile dei furti. Five Towns tirò un sospiro di sollievo e si congratulò con il Signor Bourne.

The headline in the local paper "The Staffordshire Signal" stated: "Swift Capture of a Supposed Burglar". The supposed burglar gave his name as William Smith and he behaved in a very suspicious manner.

Il titolo del giornale locale "The Staffordshire Signal" affermava: "Arresto Repentino di un Presunto Ladro." Il nome fornito dal presunto ladro era William Smith e si comportava in modo molto sospetto.

And now Sir Jee, a presiding judge in the district court, has actually dismissed the charges against William Smith, declaring that there was no evident proof for the prosecution.

E ora Sir Jee, in carica di giudice nel tribunale distrettuale, in realtà ha respinto le accuse nei confronti di William Smith, dichiarando che non c'era prova evidente per l'accusa.

No wonder that Mr. Bourne was angry. At the conclusion of the case Sir Jee said that he would be glad to speak with William Smith afterwards in the magistrate's room, showing that he sympathized with William Smith and wished to exercise upon William Smith his well-known philanthropy.

Non c'era da meravigliarsi che il Signor Bourne fosse arrabbiato. A conclusione del caso, Sir Jee disse che più tardi gli avrebbe fatto piacere parlare con William Smith nell'ufficio del magistrato, mostrando che simpatizzava con William Smith e desiderava esercitare su William Smith la sua ben nota filantropia.

So, at about noon, when the case was closed, Sir Jee retired to the judge's room and waited for William Smith who came a minute later accompanied by a policeman.

Così, a mezzogiorno circa, quando il caso era ormai chiuso, Sir Jee si ritirò nella stanza del giudice e attese William Smith che arrivò un minuto più tardi accompagnato da un poliziotto.

Sir Jee, sitting in the armchair gave a cough.

"Smith," he said sternly, "you were very fortunate this morning, you know." And he looked at Smith.

Sir Jee, seduto nella poltrona, diede un colpo di tosse.

"Smith," disse con tono severo, "sei stato molto fortunato questa mattina, lo sai." E guardò Smith.

Smith stood near the door, cap in hand. He did not resemble a burglar. He resembled a clerk who had been out of work a long time, but who had nevertheless found the means to eat and drink rather well.

Smith se ne stava in piedi vicino alla porta con il berretto in mano. Non assomigliava ad un ladro. Assomigliava ad un impiegato rimasto senza lavoro da parecchio tempo, ma ciò nonostante aveva trovato il modo per mangiare e bere piuttosto bene.

He was dressed in a very shabby suit. The linen collar of his shirt was brown with dirt, his fingers were dirty, and his hair was messy and long.

Indossava un vestito molto squallido. Il colletto di lino della sua camicia era diventato marrone dallo sporco, le sue dita erano sporche e i suoi capelli erano lunghi e in disordine.

"Yes, governor," Smith replied lightly, "and what's your game?"

"Sì, governatore," rispose Smith con leggerezza, "e a quale gioco sta giocando?"

Sir Jee was surprised. Nobody spoke like this before to the leading philanthropist in the country. But what could he do?

Sir Jee rimase sorpreso. Nessuno si era mai permesso di parlare in quel modo al maggiore filantropo del paese. Ma cosa poteva fare?

He himself had legally established Smith's innocence. Smith was as free as air, and had a right to speak in any tone he chose to any man he chose. And Sir Jee desired a service from William Smith.

Lui stesso aveva legalmente stabilito l'innocenza di Smith. Smith era libero come l'aria, e aveva diritto di parlare con qualsiasi tono che gli pareva e a qualsiasi uomo gli pareva. E Sir Jee desiderava un servizio da William Smith.

"I was hoping I might be of use to you," said Sir Jee diplomatically.

"Speravo di poterti essere utile," disse Sire Jee in maniera diplomatica.

"Well," said Smith. "That's all right. But none of your philanthropic tricks. I don't want to lead a new life and I don't want to turn over a new leaf and I don't want a helping hand – none of these things. But I never refuse money. Never did, and I'm forty years old."

"Beh," disse Smith. Non importa. Ma niente dei suoi trucchi filantropi. Non voglio condurre una nuova vita e non voglio voltare

pagina e non voglio una mano — niente di tutto questo. Ma non rifiuto mai il denaro. Mai fatto, e ho quarant'anni."

"I suppose burgling doesn't pay very well, does it?" remarked Sir Jee. William Smith laughed. "It pays good enough," said he. "But I don't keep my money in the bank, governor."

"Suppongo che i furti non paghino molto bene, vero?" commentò Sir Jee. William Smith si mise a ridere. "Pagano bene abbastanza," rispose lui. "Ma non tengo i miei soldi in banca, governatore."

"Ever been caught before?" Sir Jee asked.

"Not much!" Smith exclaimed. "And this will be a lesson to me. Now, what are you getting at, governor? Because my time's money."

Eri mai stato catturato prima?" chiese Sir Jee.

"Non molto!" esclamò Smith. "E questo mi servirà da lezione. Ora, dove vuole arrivare, governatore? Perché il mio tempo è denaro."

Sir Jee coughed once more. "Sit down," he said.

Sir Jee fece un altro colpo di tosse. "Siediti," disse.

And William Smith sat down opposite to him at the table, and put his elbow on the table in the same manner as Sir Jee's elbows. "Well?" Smith said.

E William Smith si sedette al tavolo di fronte a lui, e appoggiò il gomito sul tavolo nella stessa posizione dei gomiti di Sir Jee. "Beh?" disse Smith.

"How would you like to commit a burglary that won't be considered a crime?" said Sir Jee, "a perfectly lawful burglary?"

"Che ne dici di commettere un furto che non verrà considerato un crimine?" disse Sir Jee, "un furto perfettamente a norma di legge?"

"What are you getting at?" William Smith was astonished.

"Dove vuole arrivare?" William Smith rimase stupito.

"At my residence, Sneyd Castle," Sir Jee explained, "there's a large portrait of myself in the dining room that I want to be stolen. You understand?"

"Nella mia residenza, il Castello di Sneyd," spiegò Sir Jee, "nella sala da pranzo si trova un grande ritratto di me stesso e voglio che venga rubato. Mi capisci?"

"Stolen?"

"I want to get rid of it. And I want people to think that it was stolen."

"Well, why don't you steal it yourself and then burn it?" William Smith suggested.

"Rubato?"

"Voglio di liberarsene. E voglio che la gente pensi sia stato rubato."

"Beh, perché non lo ruba lei stesso e poi lo brucia?" Suggerì William Smith.

"That would be deceitful," said Sir Jee. "I could not tell my friends that the portrait had been stolen, if it had not been stolen. The burglary must really take place."

"Ciò sarebbe ingannevole," disse Sir Jee. "Non potrei raccontare ai miei amici che il ritratto è stato rubato se non è stato rubato. Il furto deve avvenire veramente."

"What's the figure?" said Smith.

"Figure?"

"How much will you pay me for the job?"

"Qual è la cifra?" chiese Smith.

"Cifra?"

"Quanto mi pagherà per il lavoro?"

"Pay you for the job?" Sir Jee repeated. "Pay you? I'm giving you the opportunity to honestly steal a picture that worth over a thousand pounds.

"Pagarti per il lavoro?" ripeté Sir Jee. "Pagarti? Ti sto dando l'opportunità di rubare onestamente un quadro che vale oltre mille sterline.

I am sure it would be worth even more in America, and you want to be paid! Do you know, my man, that people come all the way from Manchester, and even London to see that portrait?"

Sono sicuro che in America vale ancora di più, e tu vuoi che io ti paghi! Ma lo sai, amico, che c'è gente che arriva fin da Manchester, o addirittura Londra per vedere questo ritratto?"

"Then why are you in such a hurry to get rid of it?" asked the burglar.

"That's my affair," said Sir Jee. "I don't like it, and Lady Dain doesn't like it, either."

"Ma allora, perché ha così tanta fretta di liberarsene?" chiese il ladro.

"Questi sono affari miei," disse Sir Jee. "Non mi piace, e non piace neanche a Lady Dain."

"And how am I going to dispose the portrait when I've got it?" Smith demanded. "You can't melt the portrait down as if it were silver. According to you governor, it's known all over the world. I might just as well try to sell the Nelson Column."

"E come mi sbarazzo del ritratto quando lo avrò?" chiese Smith. "Non si può fondere il ritratto come se fosse argento. Secondo lei governatore, è ben noto in tutto il mondo. Sono potrei pure provare a vendere la Colonna di Nelson."

"Oh, nonsense," said Sir Jee. "Nonsense. You'll sell it in America quite easily. It'll be a fortune to you. Keep it for a year first, and then send it to New York."

"Oh, sciocchezze," disse Sir Jee. "Sciocchezze. Potrai venderlo in America piuttosto facilmente. Vale una fortuna per te. Prima, tienilo per un anno, e poi mandalo a New York."

William Smith shook his head, thought for a moment and then quite suddenly said:

William Smith scosse la testa, ci pensò su per un attimo e poi improvvisamente disse:

"All right, governor. I agree just to oblige you."

"When can you do it?" asked Sir Jee, hardly concealing his joy. "Tonight?"

"Va bene, governatore. Accetto solo per farle un favore."

"Quando puoi farlo?" chiese Sir Jee, nascondendo a fatica la sua gioia. "Stasera?"

"No," said Smith mysteriously, "I'm engaged tonight!"

"Well, tomorrow night?"

"No," disse Smith misteriosamente, "Sono impegnato questa sera!"

"Beh, allora domani sera?"

"Not tomorrow, I'm engaged tomorrow too."

"You seem to be very much busy, my man," Sir Jee remarked.

279

"Domani no, anche domani sono impegnato."

"Sembri essere molto impegnato, amico mio," commentò Sir Jee.

"What do you expect?" smith answered, "Business is business. I could do it the night after tomorrow."

"But that's Christmas Eve," Sir Jee protested.

"Cosa si aspettava?" rispose Smith, "Gli affari sono affari. Potrei farlo la sera dopo domani."

"Ma è la vigilia di Natale," protestò Sir Jee.

"What if it is Christmas Eve?" said Smith coldly. "Would you prefer Christmas Day? I'm engaged the day after."

"E che importa se è la vigilia di Natale?" disse freddamente Smith. "Preferisce il giorno di Natale? Sono impegnato il giorno dopo."

"Not in the Five Towns, I suppose?" Sir Jee remarked.

"No," said Smith curtly.

"Non qui a Five Towns, suppongo?" Commentò Sir Jee.

"No," disse seccamente Smith.

The plot was arranged for Christmas Eve. "Now," Sir Jee suggested, "do you want me to draw a plan of the castle, so that you can..." William Smith grimaced.

Il complotto fu programmato per la vigilia di Natale. "Ora," suggerì Sir Jee, "vuoi che ti disegni la piantina del castello, in modo che tu possa ..." William Smith fece una smorfia.

"Do you suppose," he said, "that I haven't had plans of your castle since it was built? What do you take me for? I'm not a tourist. I'm a business man – that's what I am."

"Credete davvero," disse lui, "che io non abbia già delle piantine del vostro castello fin da quando è stato costruito? Ma cosa pensa che io sia? Non sono un turista. Sono un uomo d'affari – ecco cosa sono."

Sir Jee realized that in William Smith he had met a professional of the highest class and this good luck pleased him.

Sir Jee si rese conto che in William Smith aveva incontrato un professionista di alta classe e questa buona sorte gli faceva piacere.

"There's only one thing that troubles me," said Smith before leaving, "and that is that you'll say that after you have done everything you could for me, I went and robbed your castle. And you'll talk about the ungrateful lower classes. I know you, governor."

"C'è soltanto una cosa che mi preoccupa," disse Smith prima di andarsene, "e cioè, dirà che dopo aver fatto tutto il possibile per me, ho rapinato il suo castello. E parlerà di quelle ingrate classi inferiori. La conosco, governatore."

On the afternoon of the 24th of December Sir Jehoshaphat came home to Sneyd Castle and found Lady Dain being busy with packing their trunks.

Il pomeriggio del 24 dicembre, Sir Jehoshaphat ritornò a casa al Castello di Sneyd e trovò Lady Dain occupata a preparare i bauli.

He and she were supposed to leave the castle that afternoon in order to spend Christmas with their eldest son John, who had a new home, a new wife and a new baby boy.

Lui e lei avrebbero dovuto lasciare il castello quel pomeriggio per trascorrere il Natale con il loro figlio maggiore, che viveva in una nuova casa, aveva una nuova moglie e un nuovo bambino.

As usual Sir Jee said nothing to Lady Dain immediately. He allowed her to continue packing the trunks, and later, when the tea was served and when the time was approaching to drive to the station, he suddenly remarked:

Come al solito Sir Jee non disse nulla a Lady Dain immediatamente. Le consentì di continuare a preparare i bauli, e più tardi, quando venne servito il tè e si avvicinava l'ora di andare alla stazione, improvvisamente commentò:

"I am not able to go with you to John this afternoon."

"Oh, Jee," she exclaimed, "why couldn't you tell me before?"

"Non mi è possibile accompagnarti a casa di John questo pomeriggio."

"Oh, Jee," esclamò lei, "non potevi dirmelo prima?"

"I will come over tomorrow morning – perhaps in time for church," he continued, ignoring her demand for an explanation. He always ignored her demand for an explanation, and Lady Dain was somewhat surprised when he went on.

"Arriverò domani mattina – forse in tempo per la messa," continuò lui, ignorando la sua richiesta di una spiegazione. Lui ignorava sempre le sue richieste per avere una spiegazione, e Lady Dain rimase alquanto sorpresa quando continuò a parlare.

"I have some notes for the committee meeting that I must review carefully and send them off tonight. You know that I won't have a chance to do it at John's house. I've already telegraphed to John."

"Ho degli appunti per la riunione del comitato che devo revisionare con attenzione e inviarli stasera. Lo sai che non avrò la possibilità di farlo a casa di John. Ho già telegrafato a John."

"There's no food in the house," said Lady Dain. "And the servants are all going away – I think I'd better stay myself and look after you."

"Non c'è niente da mangiare in casa," disse Lady Dain. "E i servitori stanno tutti partendo – penso sia meglio che io rimanga qui a prendermi cura di te."

"You won't do such thing," said Sir Jee, "as for my dinner, I'll find something to eat. I promised to the servants that their holiday will start from the evening. I can manage it."

"Non farai una cosa del genere," disse Sir Jee, "e per quanto riguarda la mia cena, troverò qualcosa da mangiare. Ho promesso ai servitori che le loro vacanze sarebbero iniziate da questa sera. Posso gestirlo."

Lady Dain prepared something for Sir Jee in the dining room and left anxious and worried.

Lady Dain preparò qualcosa per Sir Jee nella sala da pranzo e partì ansiosa e preoccupata.

After Sir Jee ate his cold supper in the dining room, the servants also left, and Sir Jee was along in the castle, facing the portrait.

Dopo che Sir Jee aveva mangiato la sua fredda cena nella sala da pranzo, anche i servitori partirono, e Sir Jee rimase solo nel castello di fronte al ritratto.

He had managed the affair very well, he thought. He felt that he himself must stay in the castle to see that everything went right.

Aveva gestito la situazione molto bene, pensò. Sentiva di dover rimanere lui stesso nel castello per assicurarsi che tutto andasse per il verso giusto.

His idea for the servants' holiday fitted perfectly into his plan. So everything seemed ideal.

La sua idea di mandare tutti i servitori in vacanza si adattava perfettamente nel suo piano. Così, tutto sembrava perfetto.

Nevertheless he was a little nervous of what he had done and what he was going to permit William Smith to do. It was certainly a dangerous scheme.

Ciò nonostante, si sentiva un po' nervoso riguardo a cosa aveva fatto e cosa stava permettendo a William Smith di fare. Era certamente un complotto pericoloso.

However, the choice was made and within twelve hours he will get rid of the hated portrait.

Tuttavia, la decisione era stata presa ed entro dodici ore si sarebbe sbarazzato di quel odioso ritratto.

And, after all, burglary was absolutely the only practical method of disposing of the portrait – except burning down the castle.

E dopotutto, un furto era assolutamente l'unico metodo pratico per liberarsi del ritratto – ad eccezione di bruciare il castello.

And surely it was better, because in case of fire at the castle some fool would be sure to yell: "The portrait! The portrait must be saved!" And it would be saved. Sir Jee looked at the hated thing.

Ed era certamente meglio, perché in caso di un incendio al castello, qualche idiota avrebbe di sicuro urlato: "Il ritratto! Il ritratto deve essere salvato!" E l'avrebbero salvato. Sir Jee guardò quella cosa odiosa.

In the lower part of the massive gold frame was written: "Presented to Sir Jehoshaphat Dain, Knight as a mark of public esteem and gratitude."

Nella parte inferiore della massiccia cornice in oro c'era scritto: "Conferito a Sir Jehoshaphat Dain, Cavaliere in segno di pubblica stima e gratitudine."

He wondered if William Smith would also steal the frame. Sir Jee hoped that he would not steal the frame. In fact to steal the frame Smith would need to have an accomplice.

Si chiedeva se William Smith avrebbe rubare anche la cornice. Sir Jee sperava che non rubasse la cornice. Infatti, per rubare la cornice, Smith avrebbe avuto bisogno di un complice.

"This is the last time I shall see you," said Sir Jee to the portrait.

"Questa è l'ultima volta che ti vedo," disse Sir Jee al ritratto.

Then he opened from inside one of the windows in the dining room (as per contract with William Smith), turned off the electric light and went to bed, but not to sleep. He intended to listen and he did listen.

Poi aprì dall'interno una delle finestre della sala da pranzo (come per contratto con William Smith), spense la luce elettrica e andò a letto, ma non per dormire. Aveva intenzione di ascoltare e così fece.

At about two o'clock, just the hour which William Smith had indicated, it seemed to him that he heard muffled noises. Then he was sure that he heard some noises: William Smith had kept his word.

Alle due circa, proprio all'ora indicata da William Smith, gli sembrò di sentire dei rumori attutiti. Poi era sicuro di aver sentito dei rumori: William Smith aveva mantenuto la promessa.

Soon the noises ceased for a while and then began again. Sir Jee restrained his curiosity as long as he could and when he could not restrain it no more, he rose and silently opened his bedroom window and put his head out into the cold night air of Christmas.

Presto i rumori cessarono per un po' e poi avevano cominciato di nuovo. Sir Jee trattenne la sua curiosità al più a lungo possibile e quando non riuscì più a trattenersi, si alzò e silenziosamente aprì la finestra della sua camera e sporse la testa nella fredda notte di Natale.

And by good luck, he saw the picture carefully wrapped in sheets, being passed by dark figures through the dining room window to the garden outside.

E per fortuna, vide il quadro accuratamente avvolto in alcune lenzuola, che veniva passato tra alcune figure oscure dalla finestra della sala da pranzo al giardino.

William Smith had some accomplices then, and he was taking the frame along with the canvas.

Quindi, William Smith aveva dei complici, e insieme al dipinto stava portando via anche la cornice.

Sir Jee watched the men disappear down the street, and they did not come back. Sir Jee returned to bed. Yes, he could now face the matter with his friends and family. He could pretend that he had no knowledge of the burglary.

Sir Jee guardò gli uomini sparire lungo la strada, e non li vide più ritornare. Sir Jee ritornò a letto. Sì, ora poteva affrontare la questione con i suoi amici e la famiglia. Poteva fingere di non saperne niente del furto.

He slept a few hours, got up early and, half dressed, went down to the dining room to see what sort of mess William Smith had made.

Dormì per alcune ore, si alzò presto e mezzo vestito scese dirigendosi verso la sala da pranzo, per vedere quanto disordine aveva fatto William Smith.

The canvas of the portrait lay flat on the floor with the following words written on it in chalk:

"This is of no use to me."

La tela del ritratto giaceva piatta sul pavimento con le seguenti parole scritte sopra con il gessetto:

"Questo non è di alcuna utilità per me."

It was massive gold frame that had gone. As it was discovered a little later, all the silver had gone too. Not a spoon left in the castle.

Era la massiccia cornice in oro che era sparita. E come scoprirono un po' più tardi, era sparito anche tutto l'argento. Non era rimasto nemmeno un cucchiaio in tutto il castello.

Key Vocabulary:

- o **manicomio** *s.m.* [ma-ni-cò-mio] – mental hospital, lunatic/insane asylum.
- o **nonostante** *prep.* [no-no-stàn-te] – in spite of; despite.
- o **indiscutibile** *agg.* [in-di-scu-tì-bi-le] – indisputable, undeniable.
- o **disprezzare** *v.tr.* [di-sprez-zà-re] – to despise, to hate. ~*to* – despised, hated.
- o **sebbene** *cong.* [seb-bè-ne] – although, though.
- o **apice** *s.m.* [à-pi-ce] – summit, apex.
- o **noto** *agg.* [nò-to] – well-known; famous.
- o **commentare** *v.tr.* [com-men-tà-re] – to comment (on), to remark on.
- o **terracotta** *s.f.* [ter-ra-còt-ta] – pottery, earthenware.
- o **collegare** *v.tr.* [col-le-gà-re] – to connect, to link. ~*to* – connected, linked.
- o **acquirente** *s.m.* [ac-qui-rèn-te] – buyer, purchaser.
- o **odiare** *v.tr.* [o-dià-re] – to hate.
- o **rivalità** *s.f.* [ri-va-li-tà] – rivalry, competition.
- o **indubbiamente** *avv.* [in-dub-bia-mén-te] – doubtless, undoubtedly.
- o **vetta** *s.f.* [vét-ta]- top, peak.
- o **esprimere** *v.tr.* [e-sprì-me-re] – to express.

- *meravigliarsi* v.rf. [me-ra-vi-glià-re] – to wonder; to be surprised.
- *paragonabile* agg. [pa-ra-go-nà-bi-le] – comparable, equal.
- *recarsi* v.rf. [re-càr-si] – to proceed; to go; to travel.
- *altrove* avv. [al-tró-ve] – elsewhere, somewhere else.
- *avvilito* agg. [av-vi-lì-to] – depressed, dejected, gloomy.
- *raffigurare* v.tr. [raf-fi-gu-rà-re] – to portray, to depict.
- *vestaglia* s.f. [ve-stà-glia] – dressing gown, robe.
- *rassicurare* v.tr. [ras-si-cu-rà-re] – to reassure.
- *intuito* s.m. [in-tù-i-to] – intuition, perception, insight.
- *menzionare* v.tr. [men-zio-nà-re] – to mention, to allude/refer to.
- *aderire* v.intr. [a-de-rì-re] – to adhere, to subscribe.
- *pena* s.f. [pé-na] – 1. penalty, punishment; 2. pity, compassion.
- *provare* v.tr. [pro-và-re] – to test; to try; to feel.
  ~ *amore/dolore* – to feel love/pain;
  ~ *pena* – to feel sorry (for s.o.).
- *credulone* agg. [cre-du-ló-ne] – credulous, simple-minded, gullible.
- *rinunciare* v.intr. [ri-nun-cià-re] – to renounce; to give up (sth); to part (with).
- *scandalizzare* v.tr. [scan-da-liz-zà-re] – to scandalize, to shock, to outrage.
- *verificarsi* v.rf. [ve-ri-fi-càr-si] – 1. to prove correct, to turn out (to be); – 2. to happen, to occur, to take place.
- *catturare* v.tr. [cat-tu-rà-re] – to capture, to catch.
- *sollievo* s.m. [sol-liè-vo] – relief.
  un sospiro di ~ – a sigh of relief.
- *affermare* v.tr. [af-fer-mà-re] – to assert, to declare, to state, to affirm.
- *fornire* v.tr. [for-nì-re] – to provide, to supply.
- *carica* s.f. [cà-ri-ca] – 1. (public) office, post;
  in ~ – (*law*) presiding; sitting; ruling.
  – 2. charge (battery etc.); winding up (a toy, clock etc).
- *respingere* v.tr. [re-spìn-ge-re] – to repel; (*law*) to overrule; to dismiss.

288

- *simpatizzare* v.intr. [sim-pa-tiz-zà-re] – to sympathize (with), to side (with).
- *berretto* s.m. [ber-rét-to] – cap; beret.
- *squallido* agg. [squàl-li-do] – squalid, shabby, nasty.
- *stabilire* v.tr. [sta-bi-lì-re] – to establish.
- *evitare* v.tr. [e-vi-tà-re] – to avoid; to refrain from.
- *voltare pagina* – (fig.) to turn over a new leaf.
- *stupire* v.tr. [stu-pì-re] – to stun, to amaze, to astonish. ~*to* – stunned, amazed, astonished.
- *liberarsi* v.rf. [li-be-ràr-si] – to free oneself; to rid oneself.
- *rubare* v.tr. [ru-bà-re] – to steal.
- *sbarazzarsi* v.rf. [sba-raz-zàr-si] – to get rid (of), to dispose.
- *ingannevole* agg. [in-gan-né-vo-le] – deceptive, deceitful.
- *fondere* v.tr. [fón-de-re] – to melt.
- *vigilia di Natale* – Christmas Eve.
- *smorfia* s.f. [smòr-fia] – grimace; *fare una* ~ – to grimace.
- *rapinare* v.tr. [ra-pi-nà-re] – to rob.
- *baule* s.m. [ba-ù-le] – trunk.
- *consentire* v.intr. [con-sen-tì-re] – 1. to consent, to agree (with); – 2. to allow, to let, to permit.
- *alquanto* avv. [al-quàn-to] – quite (a bit), somewhat.
- *adattarsi* v.rf. [a-dat-tàr-si] – to fit, to suit.
- *complotto* s.m. [com-plòt-to] – plot, scheme, conspiracy, intrigue.
- *incendio* s.m. [in-cèn-dio] – fire, blaze.
- *conferire* v.tr. [con-fe-rì-re] – to award, to bestow.
- *complice* s.m. [còm-pli-ce] – accomplice; partner.
- *attutire* v.tr. [at-tu-tì-re] – to dampen down, to muffle. ~*to* – muffled.
- *cessare* v.tr. [ces-sà-re] – to cease (doing), to stop.
- *sporgere* v.tr. [spòr-ge-re] – to put out, to stick out.
- *affrontare* v.tr. [af-fron-tà-re] – to confront, to face; to deal with.

Made in the USA
San Bernardino, CA
28 March 2019